短线炒股就这几招 2

一阳 著

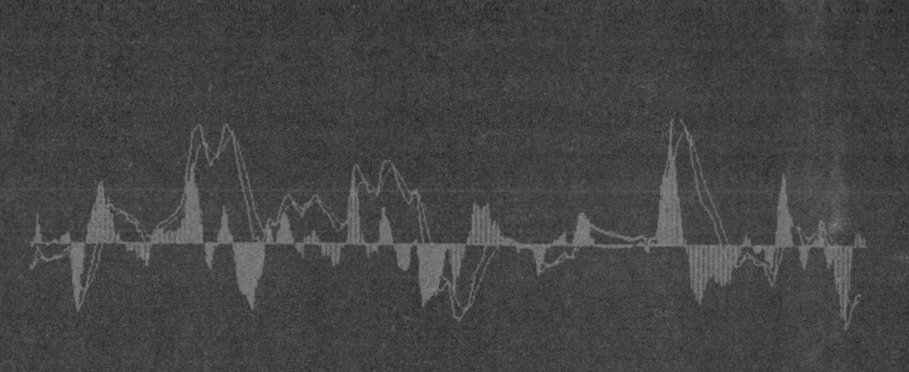

地震出版社

图书在版编目（CIP）数据

短线炒股就这几招 2/ 一阳著. 一北京：地震出版社，2010.5

ISBN 978-7-5028-3706-8

Ⅰ. ①短…　Ⅱ. ①一…　Ⅲ. 股票－证券投资－基本知识　Ⅳ. ①F830.91

中国版本图书馆 CIP 数据核字(2010)第 033212 号

地震版　XT201000022

短线炒股就这几招(二)

一　阳　著

责任编辑：董　青

责任校对：宋　玉

出版发行：地震出版社

北京民族学院南路 9 号　　邮编：100081

发行部：68423031　68467993　　传真：88421706

门市部：68467991　　传真：68467991

总编室：68462709　68423029　　传真：68455221

E-mail：seis@ht.rol.cn.net

经销：全国各地新华书店

印刷：三河市鑫利来印装有限公司

版(印)次：2010 年 5 月第一版　2010 年 5 月第一次印刷

开本：787×1092　1/16

字数：224 千字

印张：15.25

印数：00001～10000

书号：ISBN 978-7-5028-3706-8/F (4337)

定价：38.00 元

前　言

请将基础打牢！

2009年上海某小区发生了一个震惊网络的事件，一栋大楼整体倒塌，网友们将这栋楼戏称为：楼脆脆。为何这栋大楼会倒塌？各方说辞不一，但笔者认为，根本的原因就是基础未打牢！

大楼的基础未打牢将会倒塌。那么，投资者的基础未打牢将会怎么样？只能说很可怕。

很多投资者可以夸夸其谈，仿佛懂得很多，但为何资金却不断地缩水？有的投资者可能一时赚了一些钱，但后期却将盈利全部交还市场，甚至还出现了亏损。根本的原因在哪里？基础不牢！

一个连马步都练不好的习武者可能成为武林高手吗？一个连直球都打不进的球手能成为第二个丁俊晖吗？一个连K线与成交量都不懂得灵活分析的投资者能够实现盈利吗？

楼越高地基就要挖得越深，这个道理谁都明白，很多投资者愿意学习，但却又懒得学习，真是十分矛盾的一件事情。想学得扎实，又却总不断幻想学一手“神招”可以一劳永逸。股市里哪有这么简单的好事呢？

在这里，笔者希望各位读者给自己一点时间，一点系统地、全面地学习的时间。《短线炒股就这几招》系列丛书将带您一起学习，一起进步，希望每一本全新内容的系列书，都能带给你学习炒股有价值的信息！

为了回报各位读者朋友对笔者的支持与厚爱，凡是购买《短线炒股就这几招》系列丛书的读者，均可以向我的助手索取30节由笔者录制的实战培训视频课件。对书中内容如有疑问，可通过stock-yiyang@sohu.com或QQ：471828749与笔者联系，笔者将尽心解答。

一阳

2009年11月16日

目　录

第一章

K 线战法

K 线战法是股票市场分析中变化最多的一种操作方法，也是令许多投资者感到最头疼的分析方法。其实 K 线战法并不像想象中的困难，K 线战法就像人下棋一样，谁能吃掉对方谁就占优势，把握住这个核心，再对看似杂乱无章的 K 线进行分析时，就会感到方向其实很容易确定了。

很多实战水平较高的投资者都必然对 K 线分析方法极为精通，所以，想要实现稳定的收益，投资者必须掌握各种经典的 K 线分析方法，以及 K 线实战所必需的知识。

第一节　阳线大小的区分

在进行操作的时候，投资者将会经常听到这样的说法：某只股票今天收出了一根大阳线，某只股票今天收出了一根小阳线。这些阳线的大小应当如何区分呢？不同的阳线又有什么不同的意义吗？

关于阳线大小的划分方式，每个人都可能会有一个评判的标准，在笔者看来，每种评判标准均有其道理。但为了将大、中、小阳线进行统一的划分，投资者请记住以下的区分方式：

(1) 3%以下涨幅的阳线称之为小阳线；

(2) 3%～6%涨幅的阳线称之为中阳线；

(3) 6%以上涨幅的阳线称之为大阳线。

这种区分的方法其实是将 10%涨幅切分为三份，涨幅只有 10%的三分之一的阳线能够给投资者带来的盈利较少，自然称之为小阳线，这类阳线无论处于什么状态下的分析价值都较小，当然，除了小阳星 K 线。涨幅再多加一份的能给投资者带来的盈利多一些，因此视为中阳线，自中阳线开始，投资者就必须要关注股价的波动动向了。而涨幅超过 6%的阳线由于可以给投资者带来较大的收益，所以称之为大阳线，这是最具分析价值的 K 线，无论什么位置出现都需要引起重视。

三特索道（002159）

2009年11月5日走势图(图1-1)。

三特索道(002159)2009年11月5日形成了涨停的走势，股价形成涨停意味着上涨到达了当天的极限，这种阳线必然要被称之为大阳线，同时由于股价形成了涨停，因此这种阳线也称之为涨停大阳线。

涨停大阳线的出现说明多方上攻力度极大，往往趋势还将会在后期继续延续，因此，是上涨途中投资者必须要重视的一种走势。

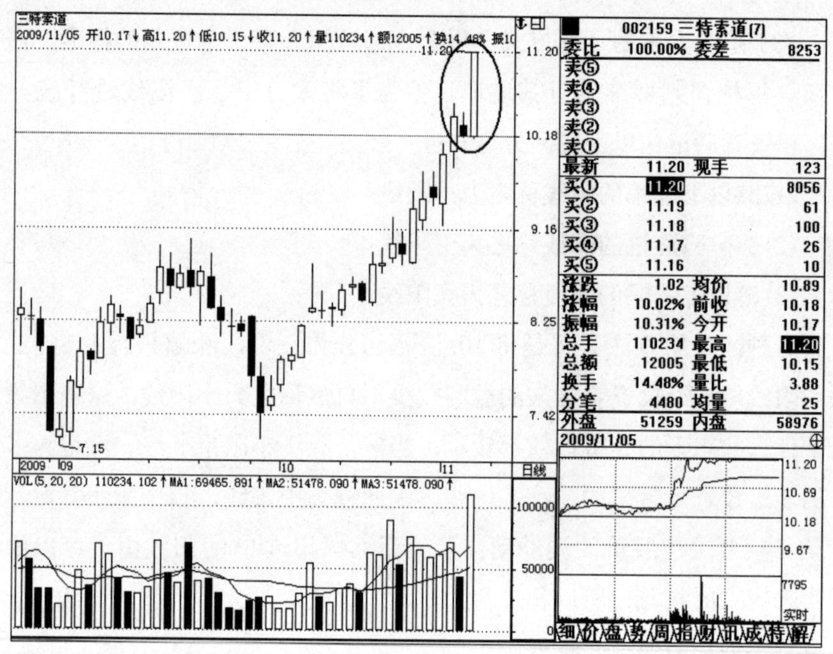

图 1-1

桐君阁(000591)

2009 年 11 月 5 日走势图(图 1-2)。

桐君阁(000591)2009 年 11 月 5 日股价在盘中曾经出现过涨停，但是至收盘时涨停板被打开，虽然股价盘中出现了回落，但至收盘，涨幅依然为 7.32%，大于 6%的标准，所以这一天的阳线也可以称之为大阳线。

股价大幅上涨的出现，无论后期如何波动，股价都将会有比较剧烈的走势，从而会带来极好的短线操作机会，这也是为什么投资者要对大阳线进行重视的原因。

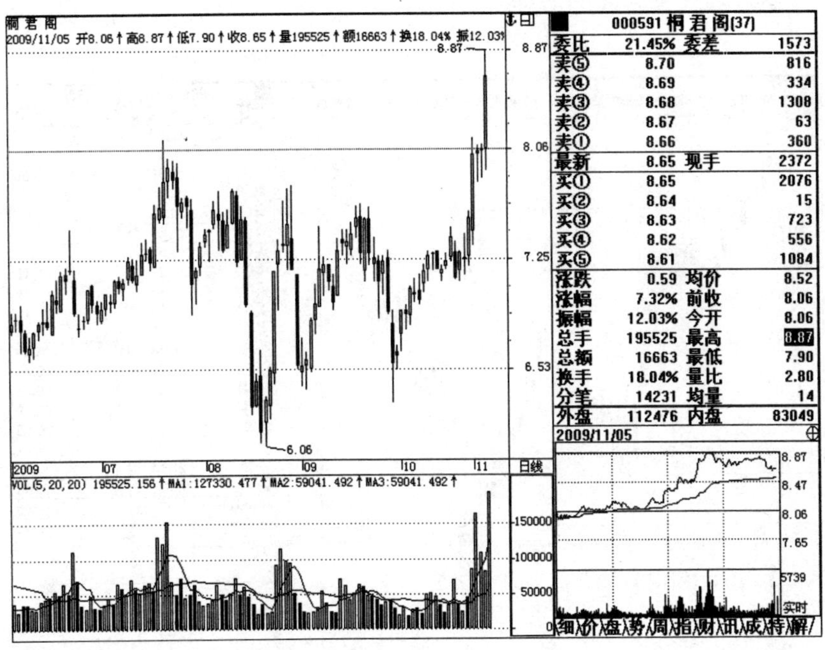

图 1-2

中国软件（600536）

2009年11月5日走势图(图1-3)。

中国软件(600536)2009年11月5日盘中出现上涨走势，至收盘时股价位于当天的高点区间，这一天股价上涨了5.75%，由于低于6%的最低标准，因此不能称之为大阳线，而应称其为中阳线。

中阳线的含义是：股价在当天形成了中等幅度的涨幅，相比大阳线要小一些，而相比小阳线要多一些。中阳线的出现有时也体现了多方控制上涨节奏的意图，毕竟如果股价涨幅过大，很容易引发大的震荡，而不温不火的上涨则可以使趋势更长时间的确立。

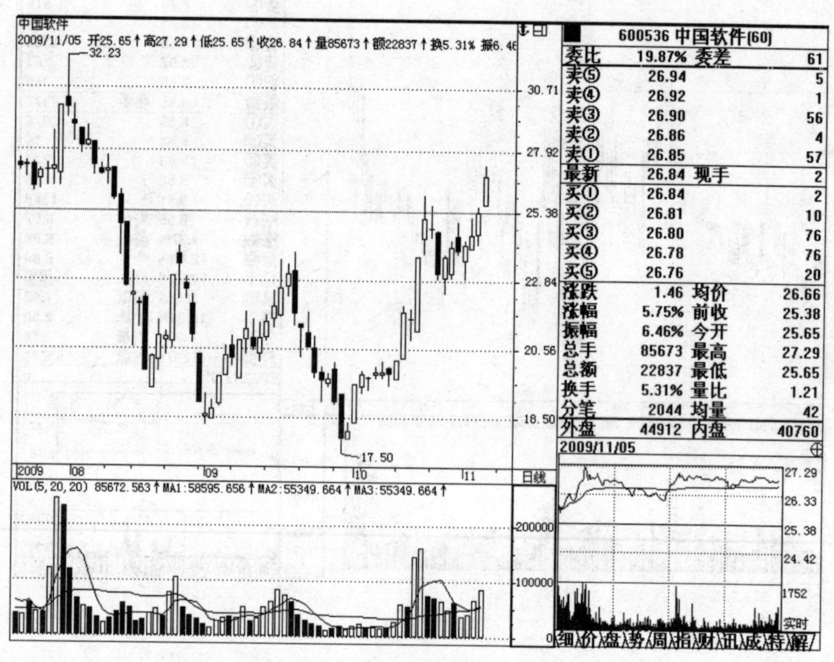

图1-3

深天地 A(000023)

2009 年 11 月 5 日走势图(图 1-4)。

深天地 A(000023)2009 年 11 月 5 日开盘后股价连续上涨，而后长时间位于高涨幅区间震荡，至收盘股价上涨了 4.06%，符合中阳线 3%～6%涨幅要求，因此，可以将这根阳线称之为中阳线。

大阳线一般多见于市场强势个股的上涨过程中，而中阳线则多为紧随其后的第二梯队，属于跟风上涨个股常见的涨幅。其实在实战操作中没必要将捉到大阳线视为主要目的，只要股价可以形成持续的上涨这就足够了。很多时候，由于中阳线并未将多方力度一下子释放完毕，所以，连续中阳线出现后也很容易促使大阳线的形成。

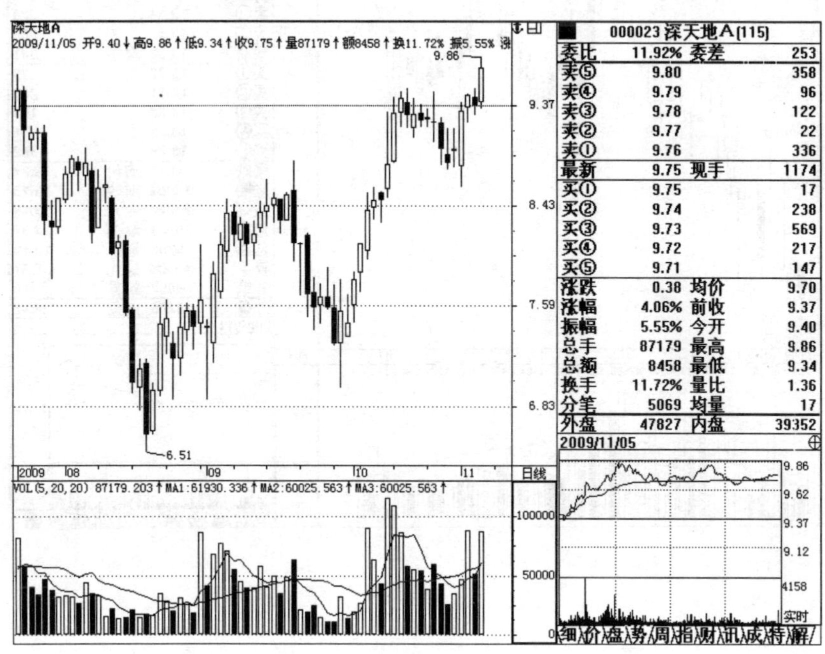

图 1-4

彩虹精化(002256)

2009年11月5日走势图(图1-5)。

彩虹精化(002256)2009年11月5日股价虽然盘中有所上涨，但是上涨的幅度比较小，仅上涨了1.29%，这种涨幅很难给投资者带来较大的盈利，因此将其称为小阳线。

小阳线是股价处于弱势波动状态下常见的K线形态，从某些方面来说是市场中出现的最多的K线。小阳线并非没有过多的分析价值，只是某些位置出现的小阳线还是很微妙的，很值得进行深入分析。

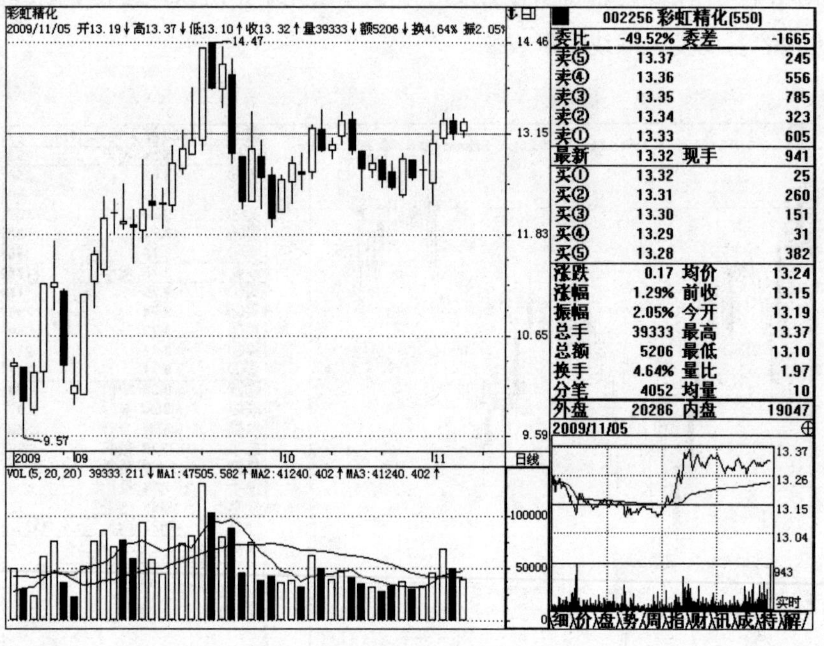

图1-5

利欧股份(002131)

2009年11月5日走势图(图1-6)。

利欧股份(002131)2009年11月5日开盘后，股价震荡下行，至收盘才出现放量上涨的走势，这一天涨幅较小，仅有0.78%，涨幅小意味着K线实体也会较小，所以，这种小实体小涨幅的阳线称之为小阳线。

大、中、小阳线仅是从涨幅来进行区分的，很多时候，大阳线的出现也并非一定是好事，而小阳线的出现也并非一定是坏事。所以，投资者千万不能仅凭涨幅的大小去判断股价波动的强弱，上涨力度再强的股票也有停下来喘口气的要求。涨幅虽是判断股价强弱力度的关键，但整体形态的状况才是最值得关注的。

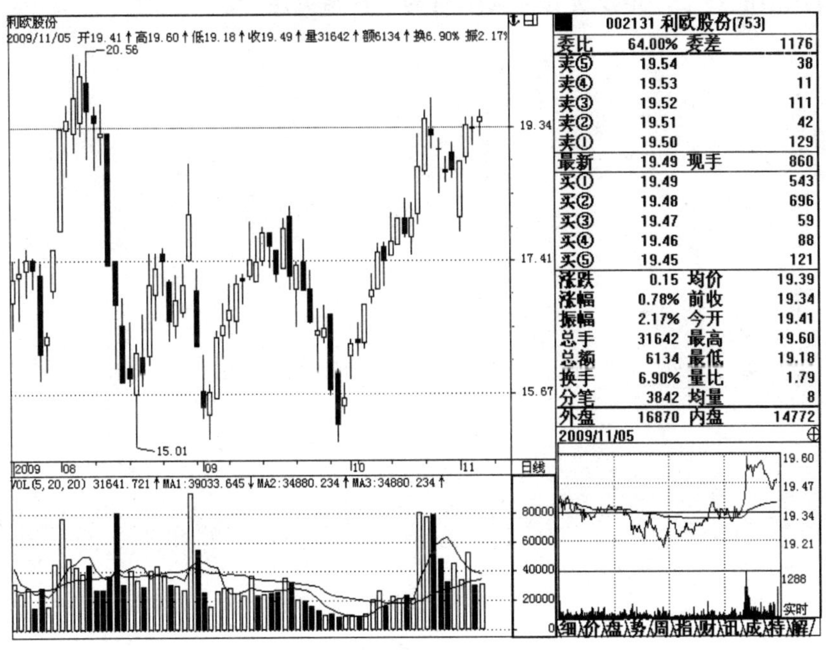

图1-6

第二节　阴线大小的区分

阴线大小区分的方法与阳线大小区分的方法一致。都是按照跌幅的大小进行区分的。

(1)3%以下跌幅的阴线称之为小阴线;

(2)3%～6%跌幅的阴线称之为中阴线;

(3)超过 6%跌幅的阴线称之为大阴线。

除非在连续下跌以后，否则，高位或是下跌中途出现的大阴线往往都意味着风险的到来，是投资者需要回避的一种常见走势。

鑫茂科技(000836)

2009 年 7 月 29 日走势图(图 1-7)。

鑫茂科技(000836)2009 年 7 月 29 日股价收出了一根大实体的阴线，这一天跌幅为 9.96%，形成跌停态势。毫无疑问，对于这样跌幅的阴线必然要称之为大阴线。

凡是形成跌停的阴线，也称之为跌停大阴线。这种阴线无论出现在什么位置，都很容易导致股价短线连续下跌，或是改变整个上涨趋势。

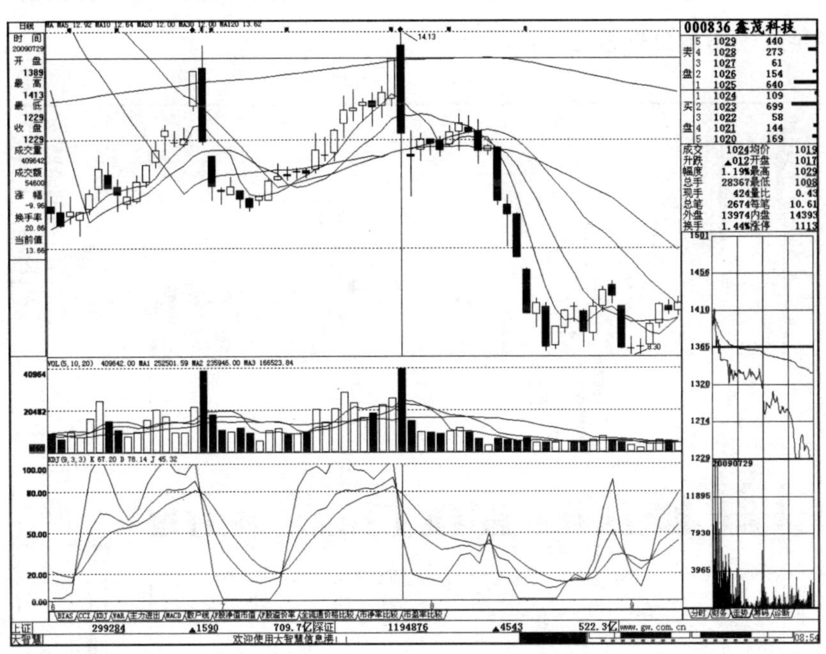

图 1–7

祥龙电业(600769)

2009 年 7 月 29 日走势图(图 1-8)。

祥龙电业(600769)2009 年 7 月 29 日股价大幅下跌，收出了一根上涨以来实体最大的阴线，这一天的跌幅高达 9.69%，接近跌停，由这一天开始，股价后期出现了一波大幅度的下跌行情。由此可见大阴线对多头趋势的影响有多大。

无论是跌停大阴线还是极大跌幅的大阴线出现时，股价所处的位置越高，风险也就越大，大阴线扭转上涨趋势的能力也就越强，是一种需要投资者尽早离场的走势形态之一。

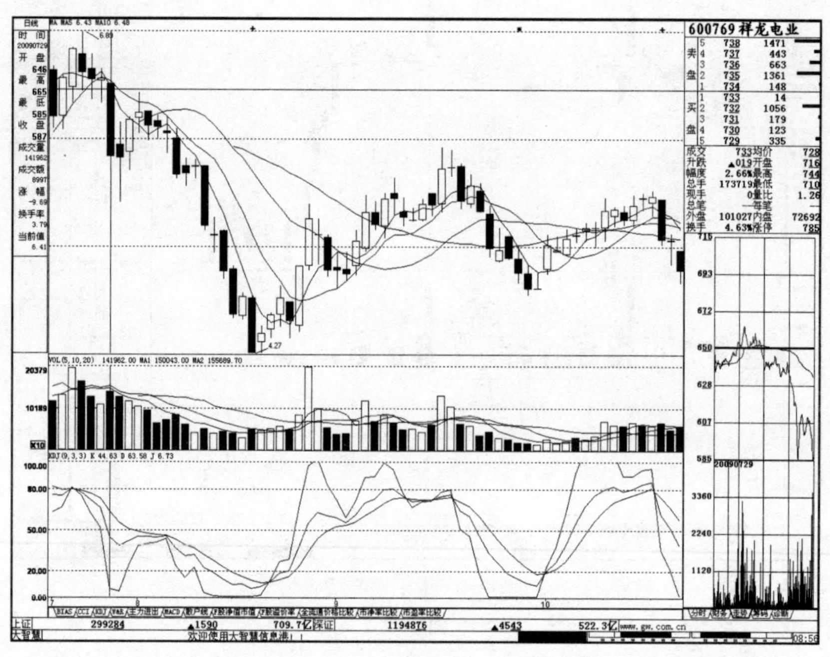

图 1-8

海正药业(600267)

2009 年 9 月 23 日走势图(图 1-9)。

海正药业(600267)2009 年 9 月 23 日收出了一根阴线，这一天的跌幅为 5.24%，是股价自低点上涨以来实体最大的一根阴线，由于其跌幅位于 3%～6%之间，因此称这一天的阴线为中阴线。

中阴线的跌幅虽比不上大阴线，但如果它是上涨以来最大的一根阴线的话，投资者也是需要多加小心的。阴线实体越大、说明空方力度越大，在股价上涨的高位区间，空方力度的增大可不是什么好现象。

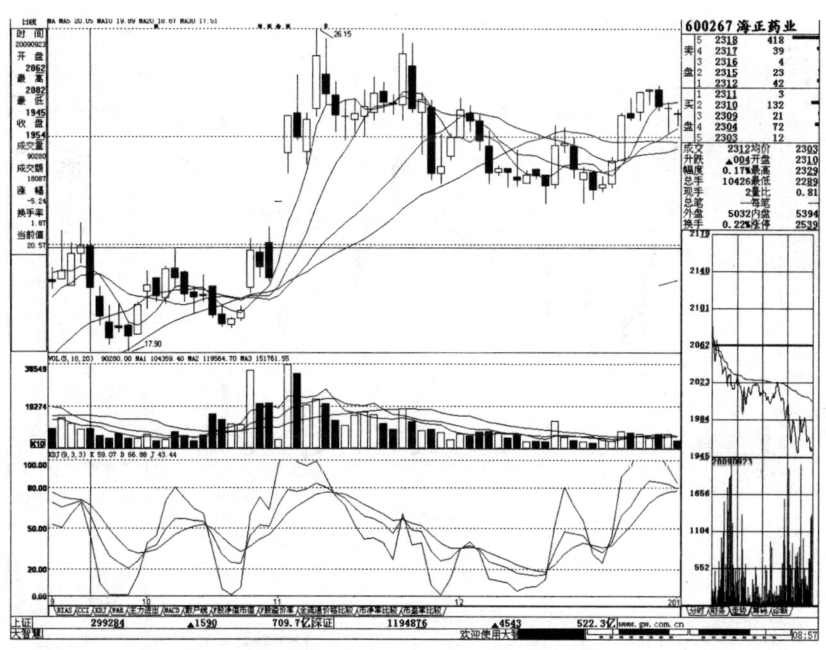

图 1-9

金杯汽车(600609)

2009年9月22日走势图(图1-10)。

金杯汽车(600609)2009年9月22日股价开盘后连续下跌，从而形成了一根较大实体的阴线，这一天股价跌幅为5.53%，属于标准的中阴线。

形成中阴线的股票往往并非市场中做空的主力军，多是跟风式下跌的股票。但是，在风险到来的时候，无论是跌得多的股票还是跌得少的股票，投资者都是要进行回避的。赚钱不容易，可赔起来却很快，忽视大阴线或中阴线的风险将很难实现盈利。

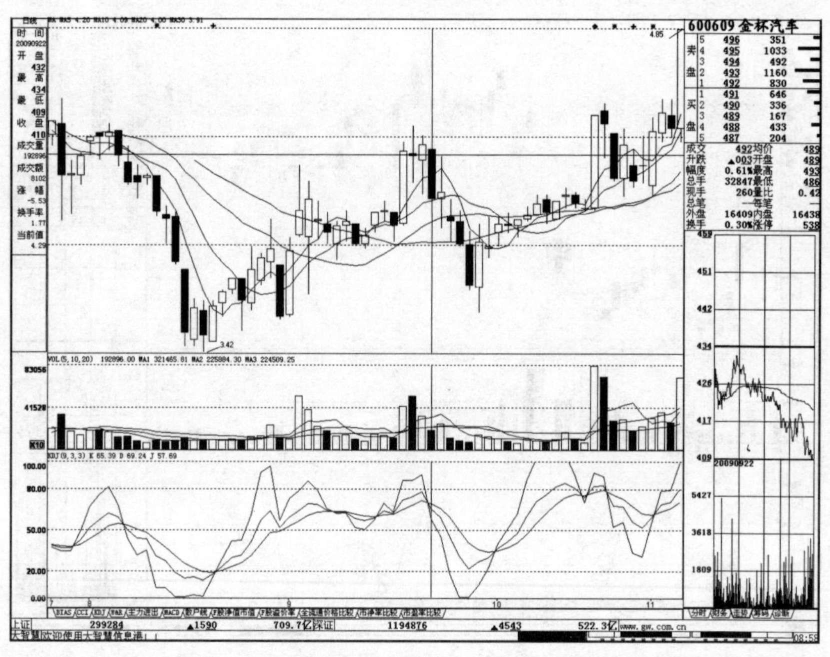

图 1-10

闽东电力(000993)

2009 年 11 月 4 日走势图(图 1-11)。

闽东电力(000993)2009 年 11 月 4 日收出了一根小实体的阴线，这一天的跌幅为 0.63%，对于这种较小实体较小跌幅的 K 线，可以称之为小阴线。

小阴线无论是在上涨途中还是在下跌途中均会经常见到，上涨途中往往是多方蓄势的体现，因为较小的跌幅反映了空方无力反抗的局面，而在下跌途中的小阴线则多表现为空方的暂时休整。因此，对小阴线进行分析时常需要结合近期的主要趋势。

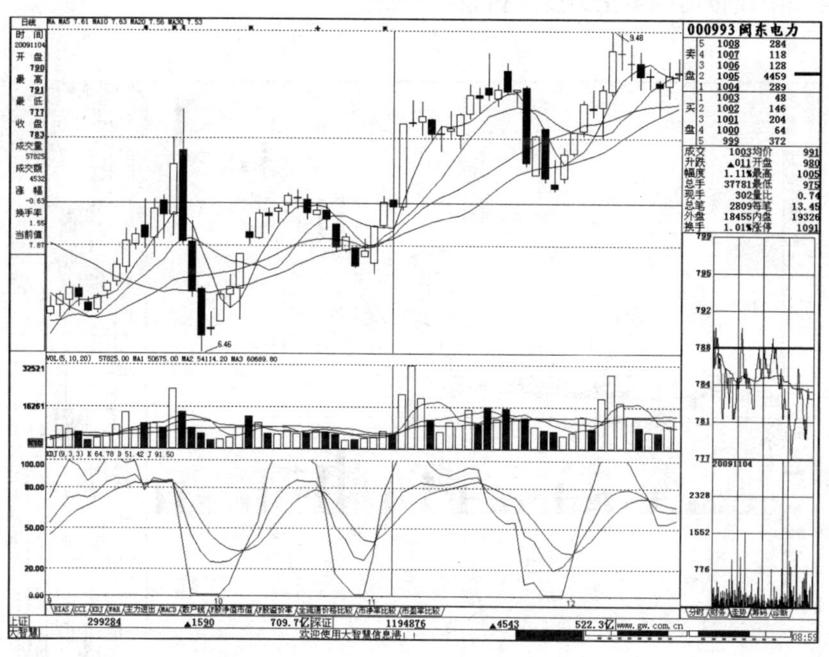

图 1-11

青松建化(600425)

2009年11月4日走势图(图1-12)。

青松建化(600425)2009年11月4日股价小幅下跌，当天的跌幅为0.94%，是一根标准的小阴线。

小阴线与小阳线一样，是市场中出现次数最多的K线形态，在价格没有明确趋势的时候，它们的分析意义不大，但在某些关键位置，它们传递的信号却非常重要。

懂得了阴线与阳线大小的区分方式，投资者才可以在分析过程中利用不同涨幅阳线传达的多空力度来指导实战操作。

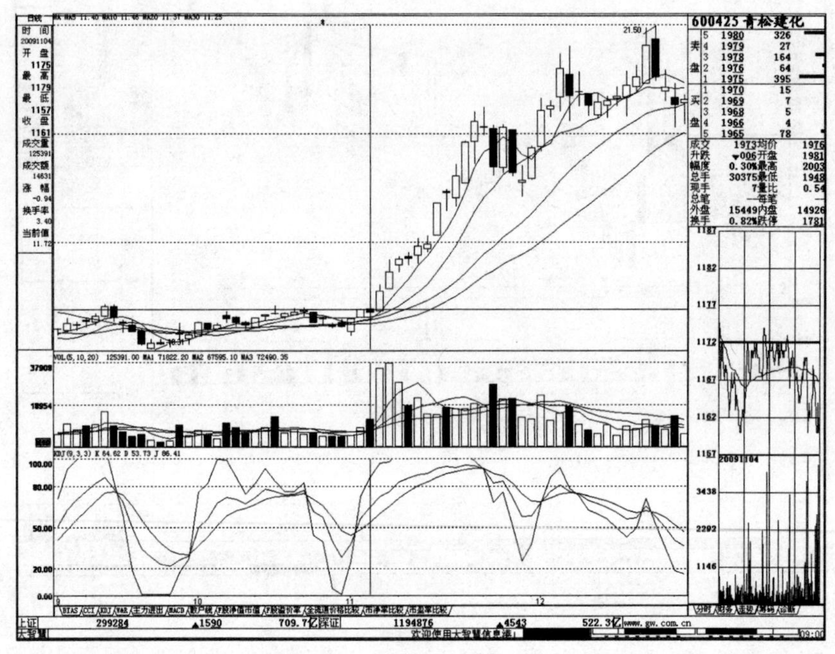

图1-12

第三节 什么样的 K 线具有重要分析价值

一根 K 线不仅包括实体，还包括上、下影线，因此，K 线的分析意义并不完全在于 K 线实体的大小。当然，在正常情况下来讲，实体越大的 K 线越具有分析的意义。大阳线或大阴线的分析价值高于中阳线与中阴线，中阳线与中阴线的分析价值高于小阳线与小阴线。

如果从影线角度出发，带有较长上影线或下影线的 K 线分析价值要大于带有较短上影线或下影线的 K 线。

从股价所处位置出发，关键位置出现的不同 K 线均有着不同的分析意义。这也是在未来《短线炒股就这几招》系列丛书中会为各位读者不断讲解的。

下面结合一些个股案例讲解一下“什么样的 K 线具有重要的分析价值”。

龙溪股份(600592)

2009 年 9 月 30 日走势图(图 1-13)。

龙溪股份(600592)2009 年 9 月 30 日，股价连续下跌以后，收出了一根涨停大阳线，这一根阳线一举吞没了四根阴线，并且是近期震荡过程中的首次涨停。

对于这种是近期上涨幅度最大的低位阳线，投资者应当进行重点分析，它往往预示着行情的变化发生了转变。大实体的阳线本身就具有很重要的分析价值，更何况是出现在低点区间的涨停大阳线。从历史的走势来看，很多低位收出的涨停大阳线都成为了后期上涨行情的起点。

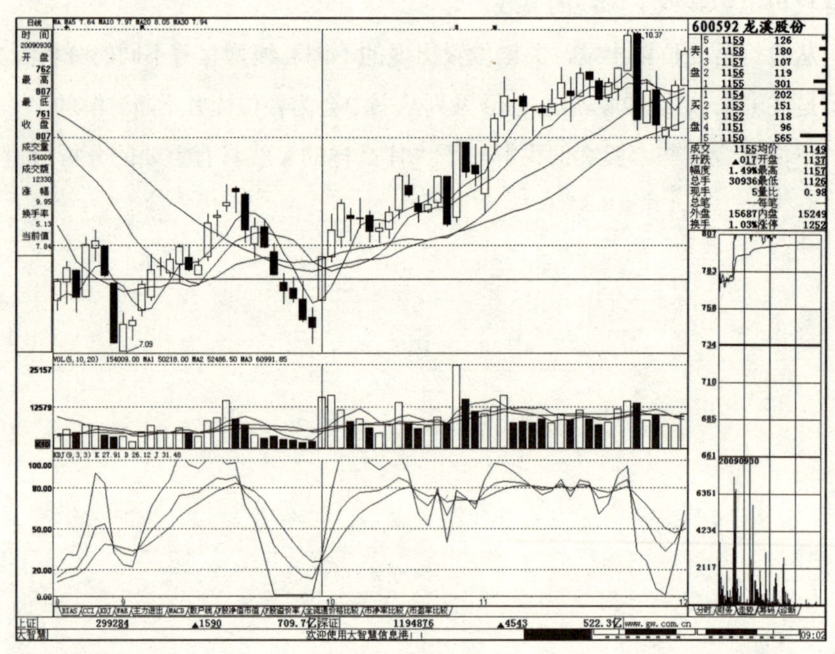

图 1-13

中南建设(000961)

2009年4月29日走势图(图1-14)。

中南建设(000961)2009年4月29日收出了一根涨幅高达8.11%的大阳线，仅从涨幅的角度来讲，这一根大阳线就应当引起重视。大家要记住，那些涨幅较大的阳线，无论是低位还是中高位，都值得花一些时间去深入分析。

除了涨幅较大值得分析以外，这一天股价的波动形态也非常重要，大阳线一举创下了近期的新高，并成功突破横盘高点，这种走势往往预示着新一轮上涨行情的确立。很多个股在形态横盘或各种调整形态后，突破点都容易出现大阳线，因此，可以利用这种方式去把握新一轮上涨行情的起点。

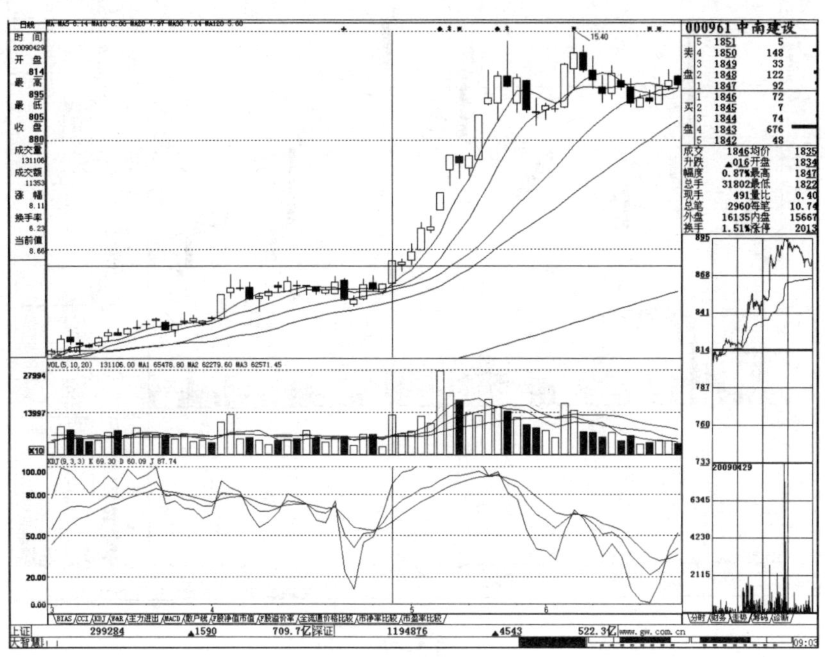

图 1–14

嘉凯城(000918)

2009年10月20日走势图(图1-15)。

嘉凯城(000918)2009年10月20日，股价在经过了短线连续上涨以后，收出了一根高开低走大实体的阴线，虽然相比昨日收盘价来讲，股价的下跌幅度并不算太大，但是，巨大的阴线实体还是需要引起重视的。

在股价正常上涨的过程中，无论是跌幅较大的阴线，还是跌幅较小的大实体阴线(高开低走)都很少出现，因为上涨行情的确立说明多方占据绝对主动，空方无力还击，而一旦阴线实体过大，则说明空方已有能力与多方抗衡，因此，上涨趋势很容易遭到破坏。

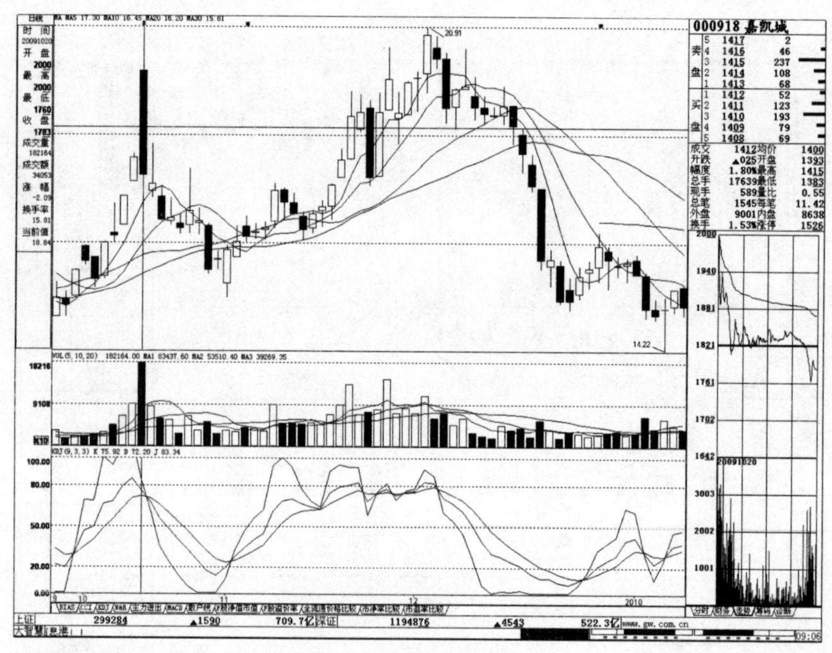

图1-15

黄河旋风(600172)

2009 年 8 月 6 日走势图(图 1-16)。

黄河旋风(600172)2009 年 8 月 6 日，股价经过数月的连续上涨，在高点区间收出了一根上影线极长的阴线。从上影线的形成原理可以得知，股价在这一天的盘中形成了冲高回落的走势。如果多方力度依然强大，股价为何会出现这么大幅度的回落？这只能说明随着股价的涨高，多方的力量变得越来越小，而回落的幅度较大则说明了空方力量的强大。

如果股价涨幅并不大，较长的上影线多会引发短线的调整。如果股价整体涨幅较大，较长的上影线则有可能终结上升趋势。所以，对于高位收出的带有较长上影线的 K 线，投资者需要高度警惕，且无论这根 K 线是阴线还是阳线。

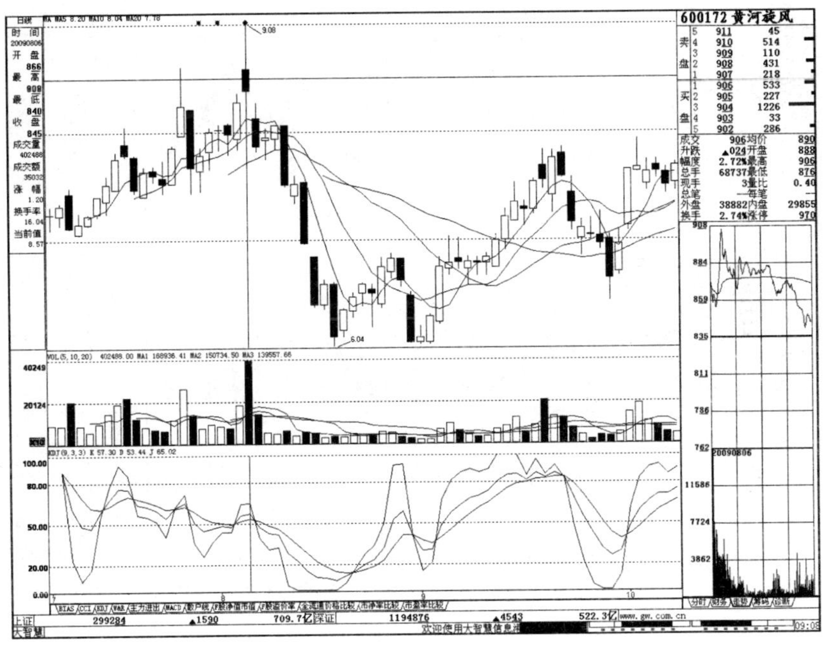

图 1-16

中孚实业(600595)

2009 年 8 月 6 日走势图(图 1-17)。

中孚实业(600595)2009 年 8 月 6 日形成低开态势，这是股价上升趋势形成以后极少出现的现象，特别是在昨日收出大阳线的情况下，更是没有在第二天形成低开的走势。高位出现的低开首先要引起投资者的注意。

至收盘形成了一根带有较长上影线与下影线的星 K 线，这是股价盘中较大的震荡造成的结果，这种高位的大星 K 线意味着多空双方在该区间势均力敌。之前空方力度极为虚弱，而到了这一天空方力度居然与多方一致，这种现象的本质是盘中资金的进出产生了较大的分歧，资金不再像之前持续性的进入将会促使股价产生反向的震荡。

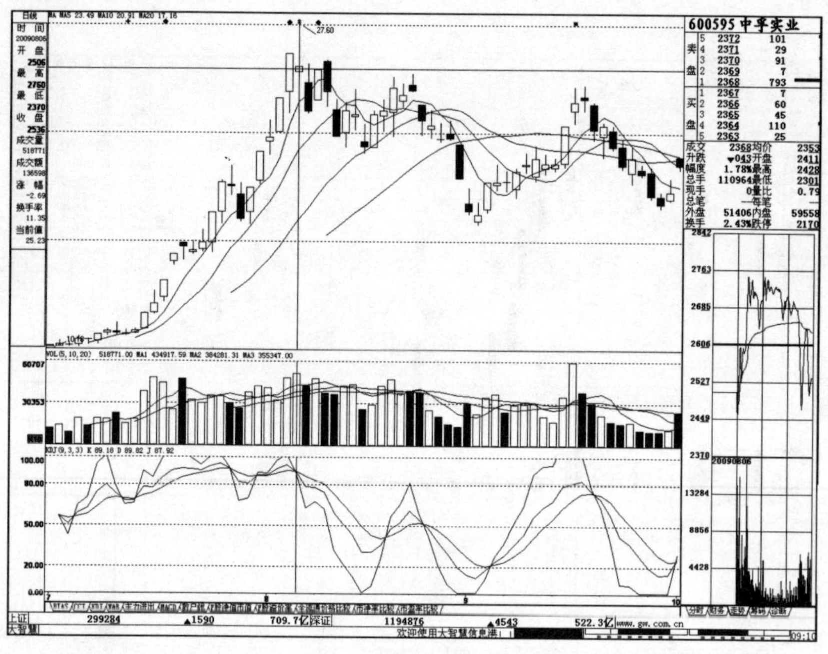

图 1-17

华海药业(600521)

2009年11月3日走势图(图1-18)。

华海药业(600521)2009年11月2日股价收出了一根中阳线，这一根K线创下了调整以来的新高，虽然股价涨幅并不是很大，但它的作用却非同一般，因为它对前期高点形成了明确的突破。

11月3日也就是第二天股价小幅上涨，并未继续发力上攻，对于这种小阳线，投资者往往容易忽视，但请记住，重要突破式阳线出现后的小阳线都需要引起关注，这很可能是多方在突破后的休息动作，一旦后期股价再度发力上攻便可以择机入场。

这也是之上谈到的，某些关健位置出现的小阳线也有重要的分析价值。

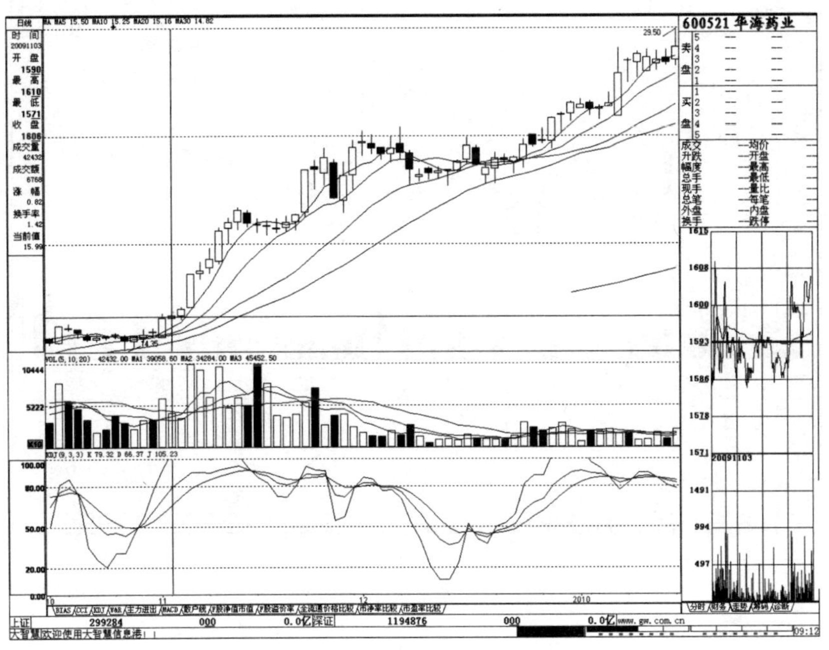

图 1-18

三特索道(002159)

2009 年 10 月走势图(图 1-19)。

三特索道(002159)2009 年 10 月期间，股价连续上涨，但每连续收出二三根中阳线后便会收出一根小阴线，进二退一的走势使得上升趋势非常漂亮且有规律。

上涨途中只要没有收出大阴线或中阴线，便说明多方占据绝对的主动，往往后期还会继续上涨。因此这些下跌的幅度并不是很大的小阴线，都是上升趋势中比较好的介入时机。由此来看，小阴线的出现也并非坏事。

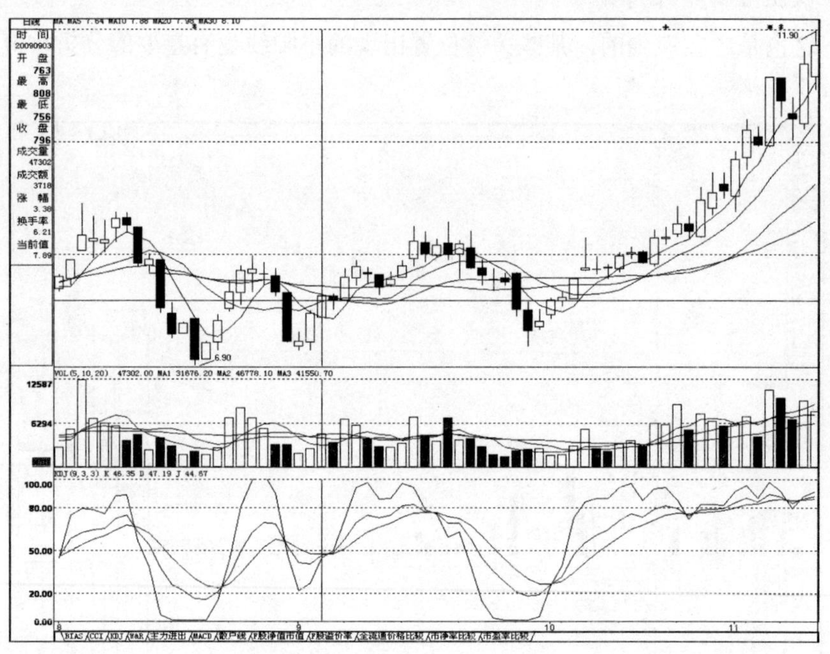

图 1-19

羚锐制药(600285)

2009 年 11 月 3 日与 4 日走势图(图 1-20)。

羚锐制药(600285)2009 年 11 月 3 日与 4 日连续两天收出了十字星，如果股价处于横盘震荡区间，在方向未明的情况下，星 K 线不具备太大的分析价值。但是，这两根星 K 线出现在短线上升途中，股价波动有着明确的趋势，因此，投资者就需要对这样的 K 线加以留意。

星 K 线体现了多空双方力度的暂时平衡，股价到底是涨还是跌很难预测，但由于近期的趋势是向上的，所以，多方多占一些优势，但由于股价暂时又未起涨，所以面对这种 K 线就需要跟踪几天，如果股价盘中没有起涨动作便不去操作，一旦股价发力向上，意味着多空双方的平衡已被打破，多头重新占据上锋便可以入场进行操作。

上述几个案例为大家讲解了一些较为常见的关键位置 K 线的分析方法，由此可见，K 线实体的大小并非一定具备重要的分析价值，某些位置一些小实体的 K 线也有可能透露出一些重大的信息。

图 1-20

第四节　大阳线的作用

从某种程度来讲，大阳线对投资者有着极大的分析价值，一是由于市场不能做空，阴线之类的分析只能用于回避风险而无法实现盈利，二来大阳线体现了多方力量的强大，对它进行分析，本着趋势具有惯性延续的特点往往可以把握住盈利的机会。

大阳线的区分方法有两种，一种是根据具体的涨幅标准进行评判，这在本书第一章中已为大家进行过讲解，第二种是利用K线对比的方式进行评判，假设近期波动阳线实体都较小，而突然有一天收出了一根实体较大的阳线，虽然涨幅并不见得大于6%，但由于它是近期市场中实体最大的阳线，因此，也可以将其视为大阳线。

大阳线一般来讲有五大作用：

(1)阻止股价下跌；

(2)促使底部形成；

(3)促进强势上涨；

(4)支撑作用；

(5)突破重要压力位。

从大阳线的五大作用来看，股价所处位置不同，大阳线的作用也将会不同，在实战操作时，投资者需要根据股价的位置结合大阳线进行分析。

三房巷(600370)

2009 年 8 月走势图(图 1-21)。

三房巷(600370)2009 年 8 月期间出现了短线大幅下跌的走势，下跌过程中阳线的实体普遍较小，而阴线实体则较大，这种 K 线形态体现了空方力量的强大，多方力量的弱小，如果投资者在这个区间进行操作，只能出现亏损。

经过一段时间连续下跌以后，低点处收出一根大实体的阳线，由于这是下跌途中第一根大实体阳线，因此它具备非常重要的意义。大阳线出现以后，股价后期没有继续下跌，这一根低点处的大阳线对股价的下跌起到了明显的阻止作用。

只有首先阻止价格的下跌，后期才有可能出现上涨行情。所以，见到下跌途中收出的大实体阳线，投资者首先要意识到，这有可能是一根起到阻止价格进一步下跌作用的大阳线。

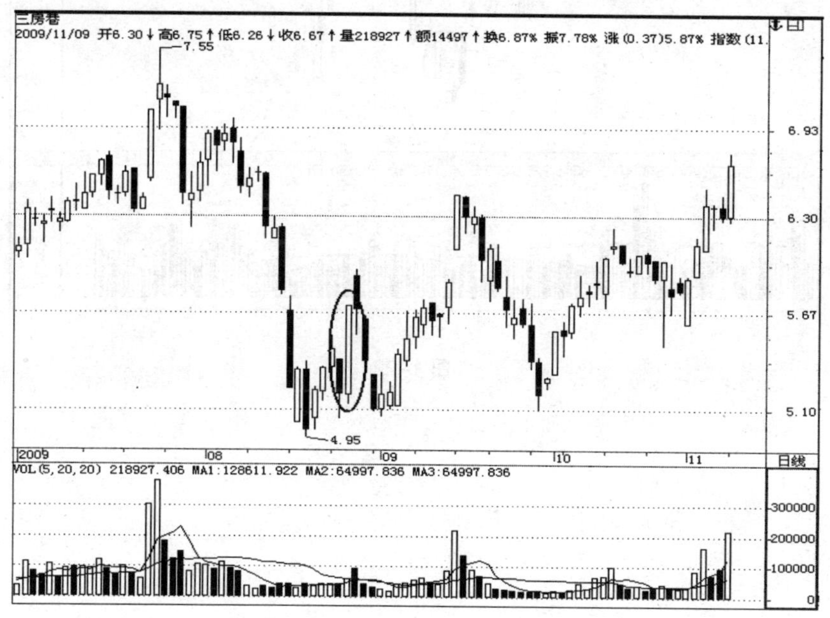

图 1-21

酒钢宏兴(600307)

2009年8月走势图(图1-22)。

酒钢宏兴(600307)2009年8月经过连续下跌，股价已处于相对的低位。在大幅下跌以后，投资者首先需要关注的事情就是是否有大阳线出现。

在一根带有长下影线的小阳线出现后，酒钢宏兴收出一根涨停大阳线，这是下跌过程中从未出现的事情。低位收出大阳线首先将会对下跌行情起到明显的阻止作用，它说明了多方当前已有能力与空方相抗衡。

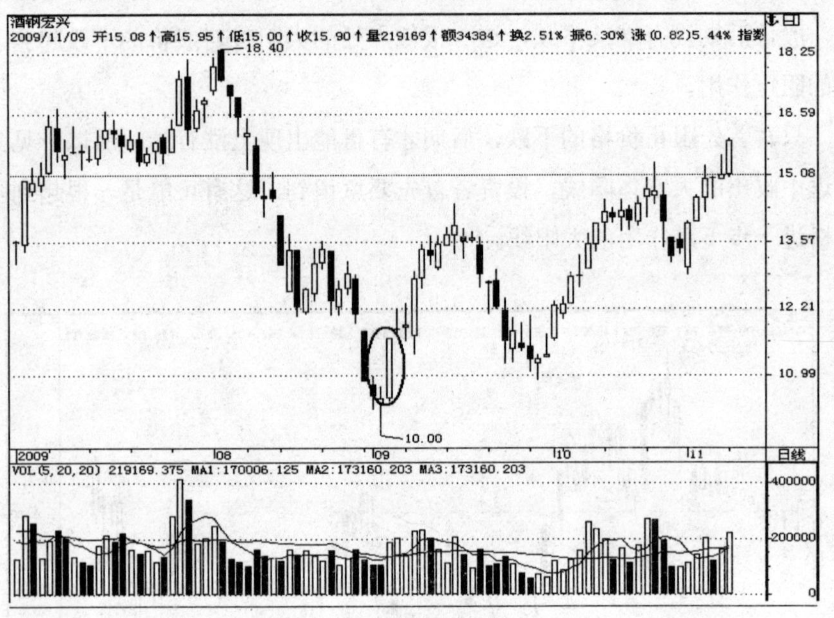

图1-22

三钢闽光(002110)

2009 年 9 月走势图(图 1-23)。

低位出现的大阳线的第一个作用是阻止股价下跌，而第二大作用便是促进底部的形成。在价格连续下跌的过程中，空方力量很强大，而多方力量是否强大则体现在阳线实体大小上。

阳线实体开始变大，股价形成大幅度的上涨，意味着资金开始了积极的做多，如果没有资金的支持，不可能出现大实体的阳线。在连续下跌以后，资金积极做多的区间很容易形成底部，而资金做多开始的直接体现就是大阳线的出现。

从后期走势来看，见底产生一波上涨后虽然股价再度回落，但并未再明确创出新低，而是形成了标准的双底形态，前一个低点的大阳线明确对第二个低点起到了支撑的作用，在支撑作用的影响下底部随之形成。

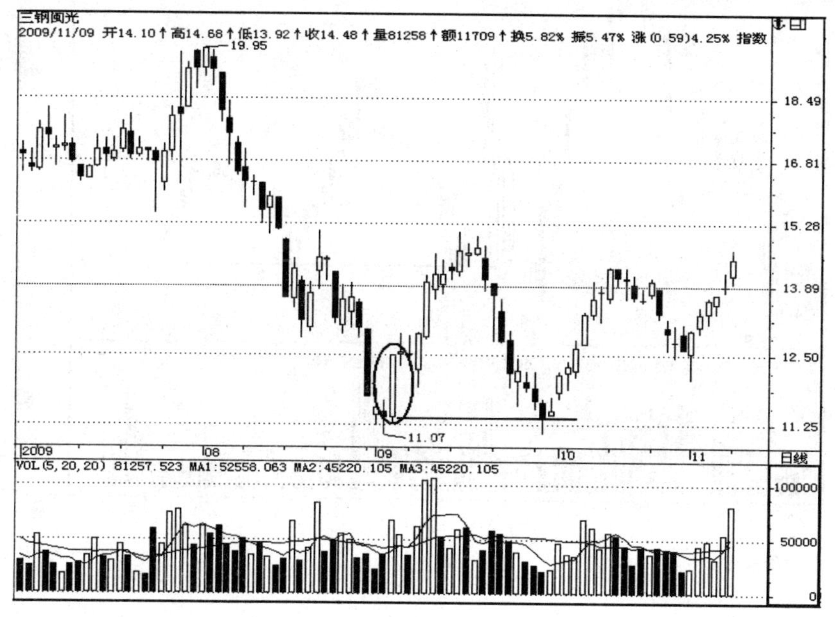

图 1-23

飞乐股份(600654)

2009 年 8 月走势图(图 1-24)。

飞乐股份(600654)2009 年 8 月股价下跌到低点后收出了一根大实体的阳线，大阳线出现以后股价便在后期连续形成二次短线上涨走势，同时，上涨结束后的回落低点也均位于大阳线区间止住，大阳线不仅起到了阻止指数继续下跌的作用，还起到了促成底部形成的作用。

由于主力资金的建仓是区域性的，为了保持建仓成本的一致，在股价上涨脱离成本区间，庄家会人为控制股价使之产生回落，从而便于下一次建仓的操作，这样一来，在庄家建仓完毕之前，股价将会在某一个区间上下震荡。而这个区间的判断标准就是底部出现的大阳线。

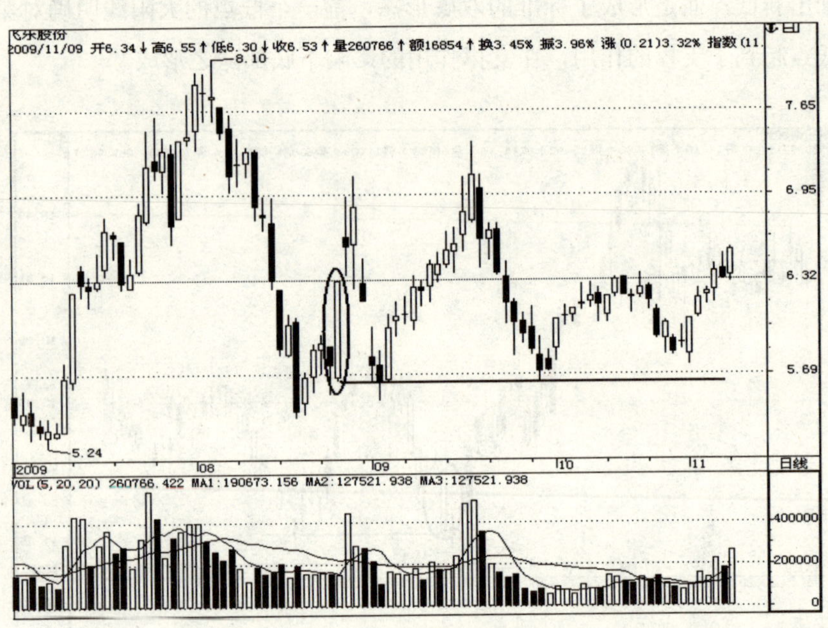

图 1-24

新都酒店(000033)

2009 年 5 月走势图(图 1-25)。

新都酒店(000033)2009 年 5 月初期上涨的时候，虽然阳线连续出现，但是阳线的实体均较小，这说明多方力度还不是很强大，或是资金在此时并不愿意发力上拉股价。

连续上涨几天后，出现一根涨停大阳线，这是上涨过程中首次涨停，这种走势往往预示着后期还有进一步的上涨空间。

由于股价的底部以及上升趋势已经形成，因此，这根大阳线所起的作用并非是阻止下跌以及促使底部的形成，而是促使强势上涨的出现。自这根大阳线出现以后，股价在后期的上涨幅度明显增大。

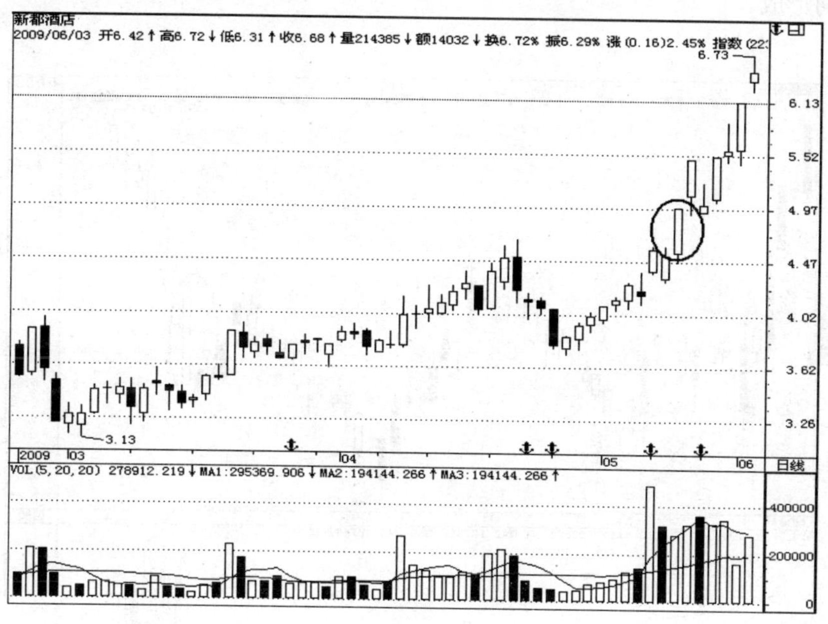

图 1-25

澄星股份(600078)

2009 年 11 月走势图(图 1-26)。

澄星股份(600078)2009 年 11 月形成小型 V 形态底股价开始上涨，在第一波上涨过程中，阳线的实体均较小，虽然可以给投资者带来盈利的机会，但实现的收益却并不高。

短线调整结束以后，一根涨停大阳线随之出现，这是股价自下跌以来从未出现的走势，一根大阳线吞掉了整个调整区间的阴线，做多力度非常强大。

这一根大阳线出现以后，股价后期同样连续收出阳线，但第二轮上涨行情中阳线的实体则要大了很多，这一根大阳线所起的作用是促进股价强势上涨的形成。

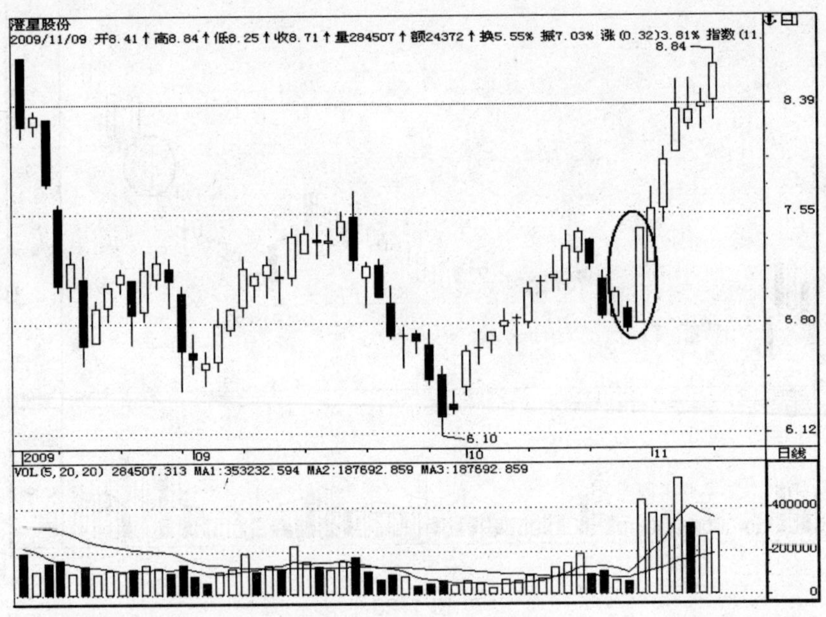

图 1-26

长百集团(600856)

2009年6月走势图(图1-27)。

长百集团(600856)2009年6月期间，股价在上涨途中收出了两根大实体的阳线，如果不按照具体的涨幅划分方法区分阳线是大是小，而是采用对比方法进行分析便可以看到，这两根阳线是股价上涨过程中实体最大的，因此，它们都具有重要的分析价值。

大阳线出现以后，股价后期形成了短线调整的走势，但是调整的低点均受到了大阳线实体范围的强大支撑。大阳线本身就具有阻止下跌的作用，因此，在上涨过程中收出的大阳线也会对调整的低点起到支撑作用。

支撑作用股价上涨途中大实体阳线最主要的技术特征之一，也是投资者必须要掌握的一种分析方法，因为它可以经常提示投资者应当如何在上涨中途进行买入。

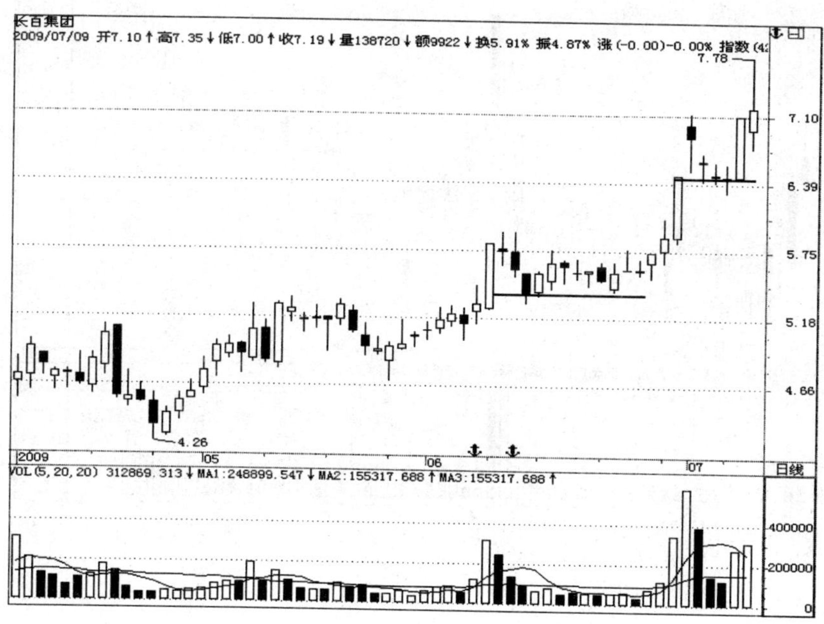

图1-27

通富微电(002156)

2009 年 10 月走势图(图 1-28)。

通富微电(002156)2009 年 10 月股价短线下跌的低点区间收出了一根大实体的阳线，这根大阳线出现后股价并未马上形成强势上涨，而是形成了横盘调整的走势。

股价在横盘震荡的过程中，调整低点始终受到大阳线实体范围的支撑，这种调整低点位于大阳线实体范围内的走势，就称之为支撑。

正常情况下大阳线的支撑有三种力度，将大阳线切分为均等三份，调整低点位于大阳线上端三分之一以上的称之为强支撑，位于中间三分之一的称之为中力度支撑，位于大阳线下端三分之一处的称之为弱支撑。

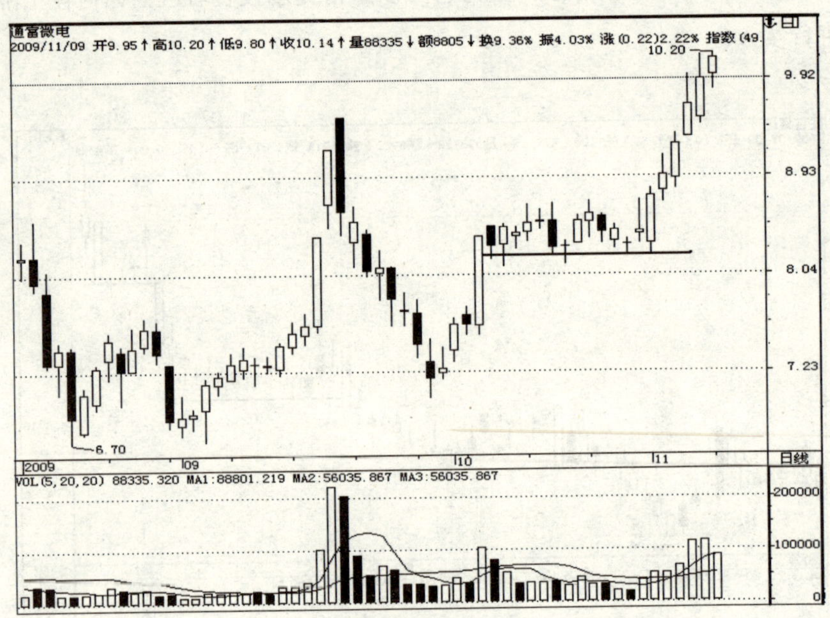

图 1-28

洪都航空(600316)

2009 年 7 月走势图(图 1-29)。

洪都航空(600316)的股价在 2009 年 4 月期间出现了一波上涨行情后，便形成了较长时间的横盘震荡走势。经过较长时间的调整，在 2009 年 7 月期间收出一根涨停大阳线，无论什么时候出现的涨停大阳线都应当引起重视，因为它是多方强劲发力的体现。

这一根大阳线除了起到促进股价上涨的作用外，还起到了对前高点压力的突破作用，这种突破走势干脆利索，体现了多方急不可待的做多心情。

如果在股价调整过程中，出现一根大实体的阳线突破重要压力位，投资者便可以考虑入场买进，突破的形成很多情况下会导致一轮新上涨行情的出现。

图 1-29

上海九百(600838)

2009年11月走势图(图1-30)。

上海九百(600838)2009年11月经过短线调整后，股价收出了一根大实体的阳线，这一根阳线出现以后股价的上涨力度开始加大，因此，它具备了促使股价形成强势上涨的作用。同时，这一根大阳线还一举突破了前期高点的重要压力位，使得这根大阳线还具备了突破的作用。股价只有不断地上涨，入场的资金才可以实现较大的收益，而股价的连续上涨必然会突破一道又一道重要的压力位，所以，可以将突破走势视为新一轮上涨行情的起点。

股价在面临重要压力位时，可以以缓慢上涨的方式完成突破，也可以以较大的力度向上完成突破，但股价突破时力度越大，后期上涨的幅度也越大。

由以上讲解可见，大阳线在有的时候往往是身兼多职，即可以阻止股价下跌的延续，同时还可以促使底部的形成，即可以具备突破的作用，还具备促使股价强势上涨的作用。一根大实体阳线起到的作用越多，对未来的上涨行情便越有帮助作用。

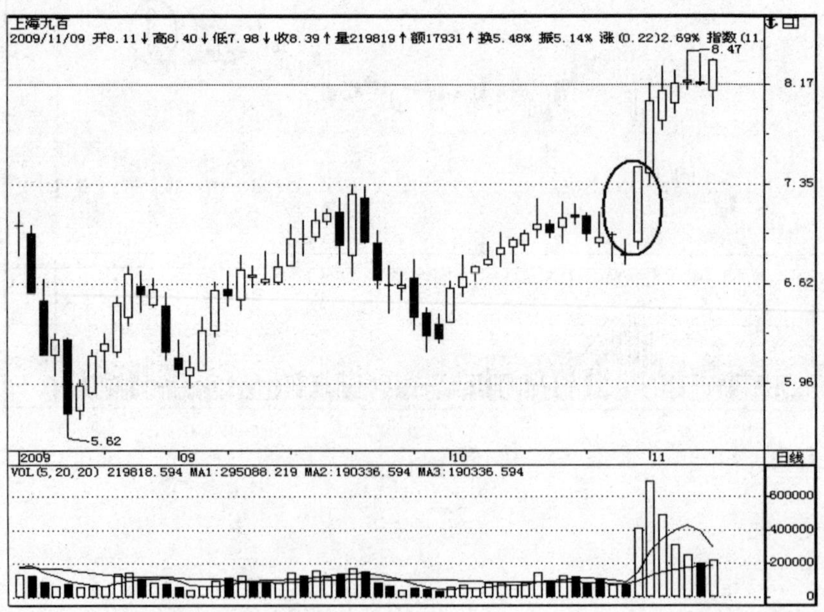

图1-30

第五节 大阴线的作用

目前股市由于不能够做空，阴线的出现无法给投资者带来做空的盈利机会，因此，阴线的出现往往带来的是或大或小的风险。盈利的机会投资者需要仔细地去把握，但是，风险投资者更是需要留意，因为不懂得回避风险很容易使盈利回吐或是产生亏损。

大阴线的区分方式同样有两种，一种是按固定的跌幅比率进行区分，另一种则是采用对比的方法进行区分。在股价上涨或下跌趋势形成以后，如果某一天出现的阴线实体是最大的，那么，这根阴线便可以确认为是大阴线，虽然跌幅未必超过 6%，但它依然具备大阴线的各种作用。

大阴线具有五大作用：

(1)阻止股价上涨；

(2)促进顶部形成；

(3)促使股价强势下跌；

(4)压力作用；

(5)破位作用。

由此可见，大阴线的出现往往并不是什么好事，这也是投资者需要对大阴线引起重视以及要及时回避的主要原因。

大恒科技(600288)

2009年9月走势图(图1-31)。

大恒科技(600288)2009年9月股价形成了连续上涨的走势，在上涨过程中阳线的数量多于阴线，这意味着多方的力度强于空方。

经过一段时间上涨以后，突然收出一根大实体的阴线，这一根阴线足以与上涨过程中的任何一根阳线相抗衡，原来多方占主动的行情，由于这一根大阴线的出现而发生了改变。它成功地阻止了股价的进一步上涨，自这一根大阴线出现后，一轮短线下跌行情随之出现。

如果空方力度较弱，股价很难大幅回落，而一旦于上涨高点处收出大阴线，投资者便要意识到，这是空方的阻击，行情很容易发生方向的改变。

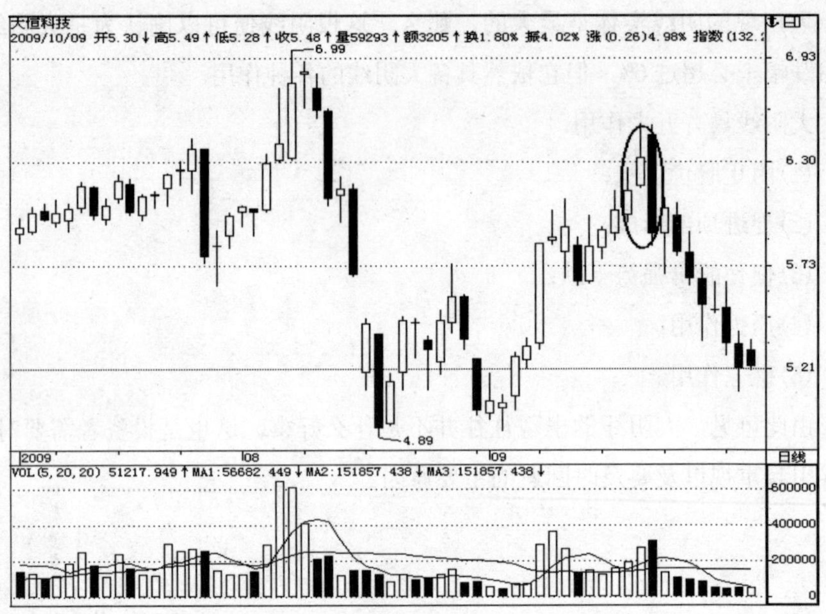

图 1–31

石基信息(002153)

2009年9月走势图(图1-32)。

石基信息(002153)2009年9月期间股价短线上涨的力度比较大，同时成交量也比较活跃，在股价放量上涨的过程中，积极做多方可实现盈利。

股价上涨到高位后，收出了一根大实体的阴线，这一根阴线完全吞掉了最后一根阳线。如果空方力度依然虚弱，阳线将会具备支撑的作用，阴线实体也会比较小。但这么大实体阴线的出现，并且阳线支撑作用有失效的迹象时，意味空方力度已经增大，在这种情况下，股价未来上涨的难度也将会增加。

这一根大阴线成功地阻止了股价的进一步上行，这是上涨过程中大阴线最主要的作用之一。从很多个股上涨结束的转势区间可以经常见到这种阻止股价进一步上涨的大阴线走势。

图 1-32

杭萧钢构(600477)

2009 年 7 月走势图(图 1-33)。

杭萧钢构(600477)2009 年 7 月上涨到高点区间后，大实体的阴线开始连续出现，当某一个区域频繁出现大阴线时，投资者对这个区域股价的波动应当多加小心。

图中圆圈处收出一根大阴线以后，股价虽然形成反弹上涨走势，但新的高点并未再度出现，这一根大阴线起到了促使顶部形成的作用。如果股价未来还有上涨空间，必然会突破这根阴线，而现在新高不能出现，说明多方的力度已经用尽，因此，顶部也就有可能逐步形成。

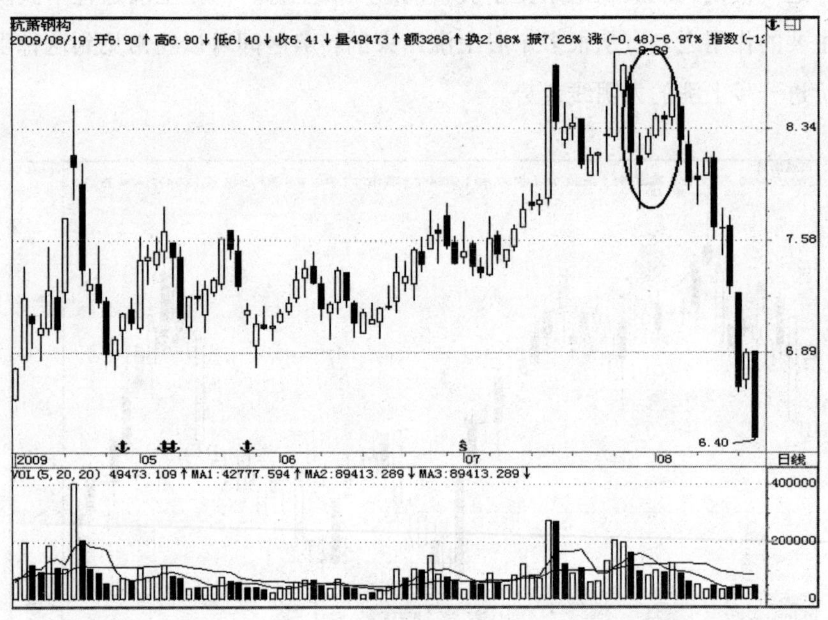

图 1-33

长航凤凰(000520)

2009年7月走势图(图1-34)。

长航凤凰(000520)2009年7月经过连续上涨以后，在高点处收出了一根大实体的阴线，这一根阴线是上涨行情以来实体最大的一根，与之前的小阴线有着很大的不同。

大阴线出现以后，股价短线反弹，但位于大阴线开盘价区间便停止上涨，形成了小型的M头，这一根大阴线的出现首先起到了阻止股价上涨的作用，同时还促使股价在该区间形成了顶部。

在股价上涨到高位以后，阻止上涨与促进顶部的形成是大阴线最主要的两大作用。

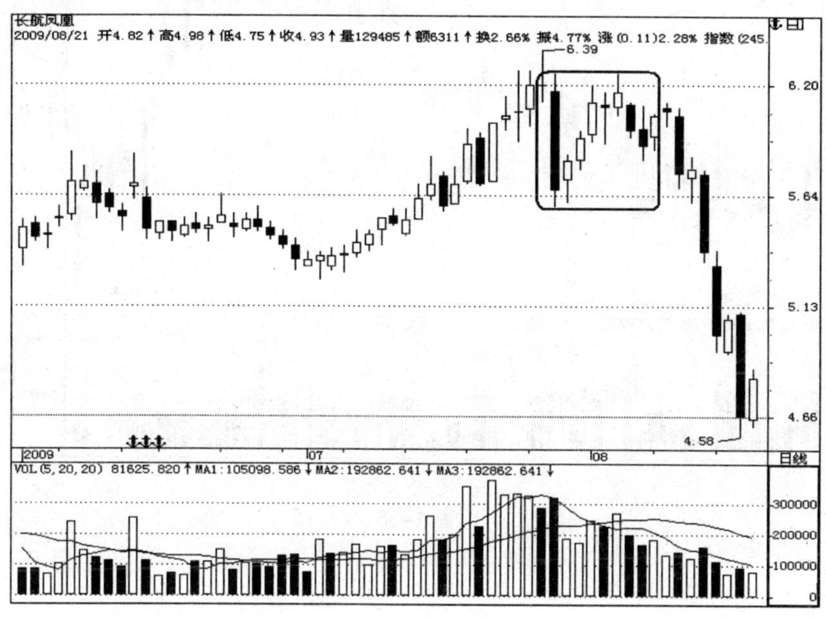

图1-34

太平洋(601099)

2009 年 8 月走势图(图 1-35)。

太平洋(601099)2009 年 8 月形成顶部以后股价开始下跌，在下跌的初期空方力度并不算太大，这体现在阴线实体上，下跌初期的阴线实体普遍较小。

经过几天的连续下跌以后，一根大实体的阴线从空而降，这一根阴线是股价上涨以及下跌以来实体最大的一根，这一根大阴线出现以后，股价便在后期开始了更大幅度的下跌，它所起到的作用便是促使强势下跌行情的出现。

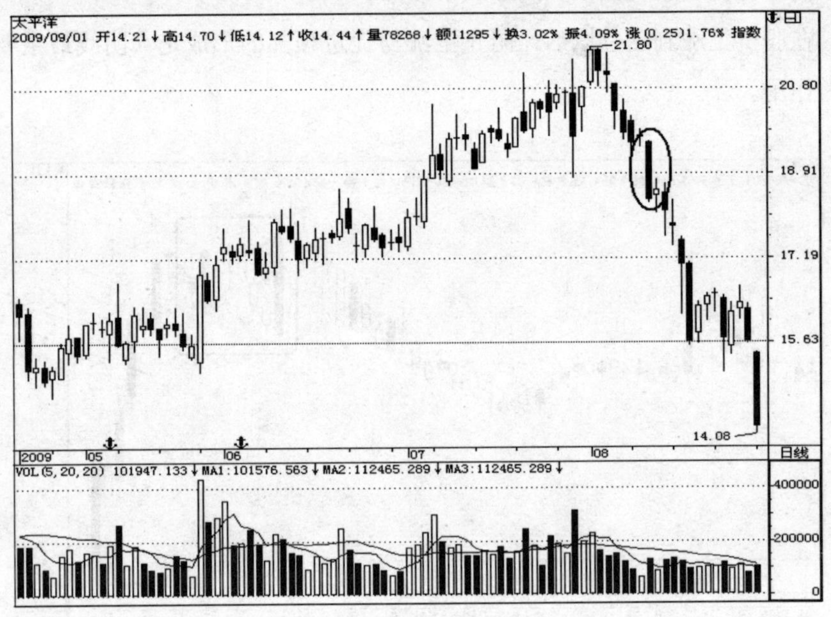

图 1-35

川化股份(000155)

2009年8月走势图(图1-36)。

川化股份(000155)2009年8月初期受到之前大阴线的影响，指数形成顶部开始出现下跌走势，当下跌趋势形成时，首次出现的大实体阴线往往意味着指数还有可能继续下跌，投资者此时千万不可轻易入场。

当下跌行情形成时，一些资金可能会将小幅度的下跌视为正常的调整，而一旦收出大实体的阴线，那些认为正常调的资金已无借口再为下跌做辩解，从而将会加入到做空的队伍中来，在市场中的资金均看空时，股价后期也将会很容易出现加速下跌的走势。

在图中圆圈处的大阴线出现后，股价在后期的下跌速度明显加快，大阴线促使股价强势下跌的作用非常明显。

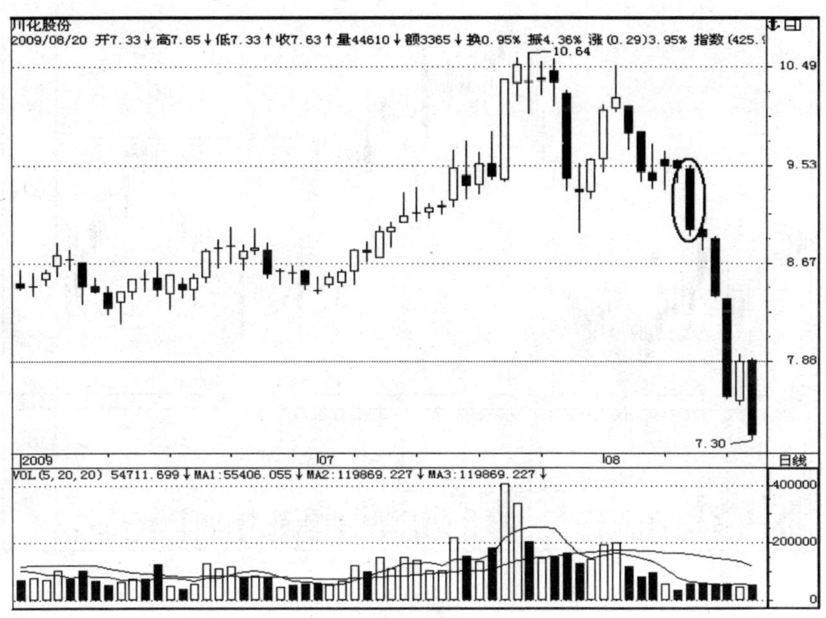

图1-36

世茂股份(600823)

2009 年 8 月至 9 月走势图(图 1-37)。

世茂股份(600823)2009 年 8 月中旬期间收出了一根大实体的阴线，从而使得股价再次形成破位下跌的走势，这一根阴线对反弹区间的小幅上涨起到了阻止的作用。

股价短线下跌到底部后，开始出现反弹，上涨的高点位于大阴线开盘价时便产生了回落，这种现象就称之为受压回落。

大阴线是空方力度极大的体现，这个区间反映了资金坚决做空的态度，后期股价一旦再次回到该区间，受到解套抛盘以及短线获利盘出局的影响，将会很容易再次产生回落。

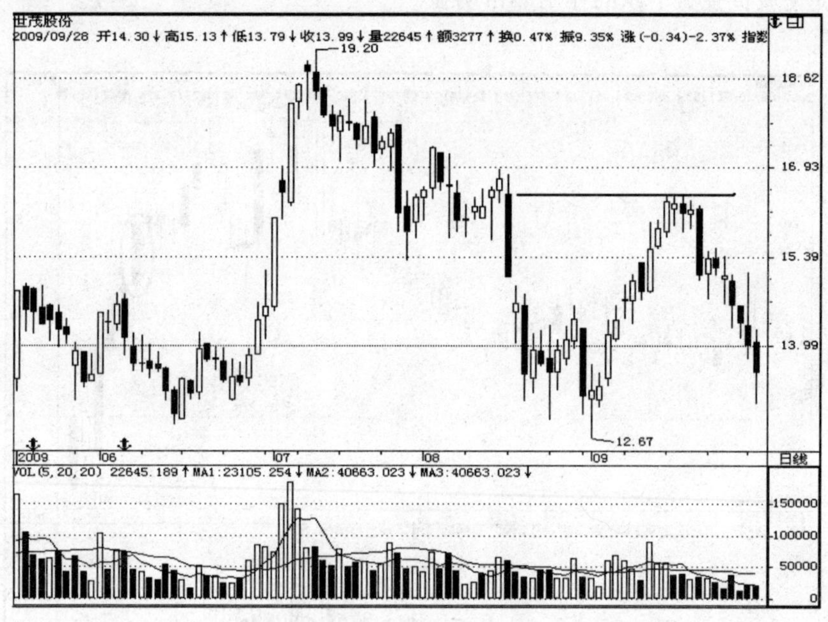

图 1-37

沙河股份(000014)

2009年8月至9月走势图(图1-38)。

沙河股份(000014)2009年8月中旬股价收出了一根大实体的阴线，从而引发了一轮短线下跌行情，这一根大阴线起到了促进股价强势下跌的作用。

下跌到低点后出现反弹上涨行情，但股价反弹至这根大阴线收盘价附近时便停止了上涨，这种现象就称之为压力，而股价上涨受到压力的位置也就称之为压力位。

大阴线的压力体现于整个实体范围甚至下影线与上影线，股价位于这些区间停止上涨均可以视为大阴线形成了压力的作用。

图1-38

海亮股份(002203)

2009 年 8 月走势图(图 1-39)。

海亮股份(002203)2009 年 8 月期间股价已明确见顶并形成下跌的走势，首根大阴线出现后的下跌力度并不是很大。但是下跌趋势已形成，投资者也不能因为下跌力度小而继续做多。

经过一段时间小幅下跌后，突然出现跳空低开的走势，并且当天股价低开低走，收出大实体阴线，还一举跌破了前期低点的重要支撑。

这根大阴线同时发挥了两个作用：一是对前期重要支撑位起到了破位创新低的作用，二是对未来行情起到了促跌的作用。

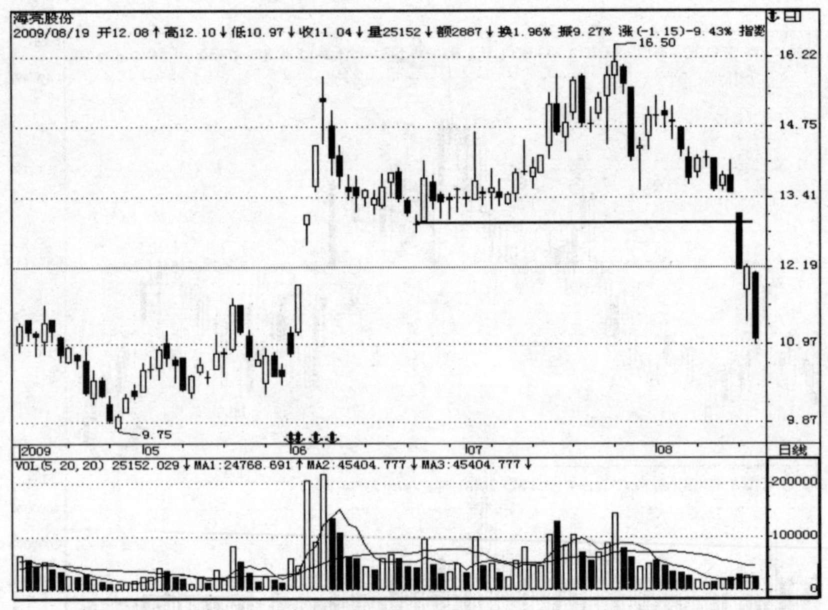

图 1-39

三爱富(600636)

2009年8月走势图(图1-40)。

三爱富(600636)2009年8月股价两个高点依次降低，形成了标准的左高右低小型双顶形态。在面临前期低点重要支撑的时候，一根大实体的阴线从空而降，毫不留情地向下破位。

如果前期低点具备真正的支撑作用，那么，股价将很难形成破位的走势，但是，如果资金场中做空态度坚决，必然会以大阴线的方式去破位创新低，这样走是为了不给多方以任何还手之机。

在面临重要支撑位的时候，出现的阴线实体越大越说明未来继续下跌的概率大，特别是以跌停大阴线的方式形成破位，基本上后期必然会继续下跌。

一根大阴线出现时，可能会发挥一种作用，但也有可能会发挥两种以上的作用，大阴线发挥的作用越多，越对当前的下跌趋势有利，投资者也就越有必要及时离场回避风险。

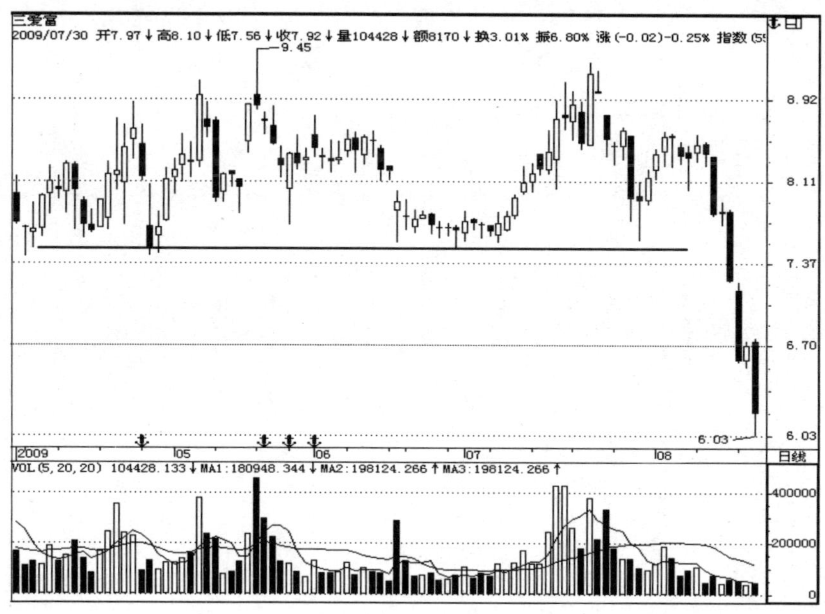

图1-40

第六节　多头反攻

多头反攻K线组合是股价下跌到低点区间后常见的走势。股价下跌幅度越大往往也意味着空方的力度开始逐渐变弱，就像人跑步一样，跑得越远力量也将会越小一样。当空方力量开始减小时，一旦多方具备了与之抵抗的能力，便会发起突然进攻。

多头反攻K线组合由两根K线构成，第一根为阴线，第二根为阳线。最主要的K线为阳线，低限要求为这根阳线要吃掉阴线的至少三分之二，如果能够将阴线完全吞没那将会是最好的。

虽然多头反攻常在股价的低点区间出现，但有时也会在上升趋势中的调整区间内出现。

桂林旅游(000978)

2009 年 8 月走势图(图 1-41)。

桂林旅游(000978)2009 年 8 月期间，股价出现短线大幅下跌的走势，面对股价的下跌，虽然当时的确存在风险，但投资者也应当以机会的态度去面对，因为股价的跌幅越大，意味着后期上涨的空间也越大。

在收出最后一根大阴线后，一根大实体的阳线随之出现，这一根阳线吃掉了绝大多数阴线的实体，这两根 K 线在一起便形成了多头反攻的 K 线形态。在多头有能力反攻的情况下，股价下跌的风险将会减小，而上涨的可能性将会提高。

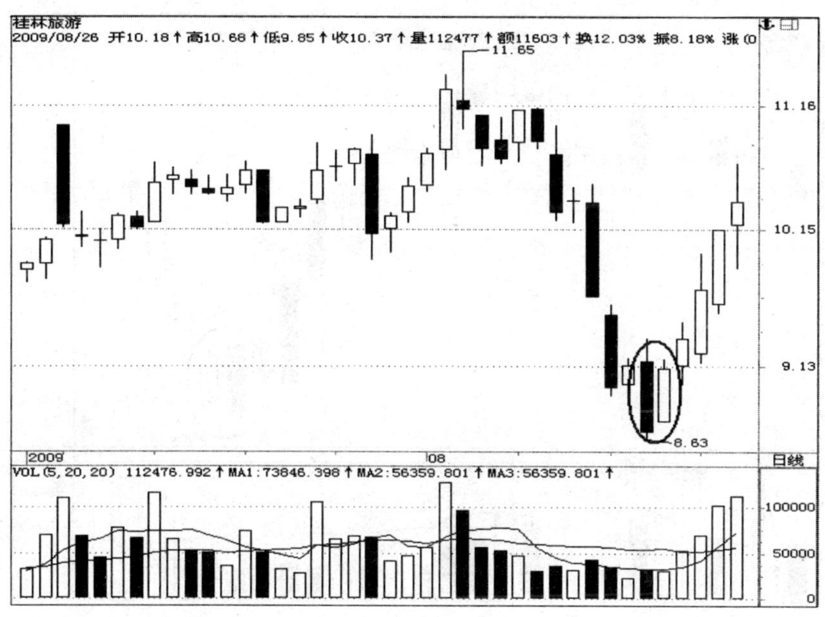

图 1-41

中航精机(002013)

2009年8月走势图(图1-42)。

中航精机(002013)2009年8月期间，在收出最后一根大阴线后，股价并未继续下跌，而是形成了大幅反弹的走势，这一根阳线吃掉了阴线大部分的实体，满足了多头反攻K线组合的技术要求。在下跌的低点区间，一旦出现多头反攻K线，投资者便可以用适合仓位入场买进股票。

在多头反攻K线组合出现的前一两天，同样在大阴线出现后收出了一根阳线，但这两天的K线组合并不能称之为多头反攻，因为阳线的实体过小，连阴线的三分之一都未吃掉，这说明多方力度依然不足以与空方抗衡。

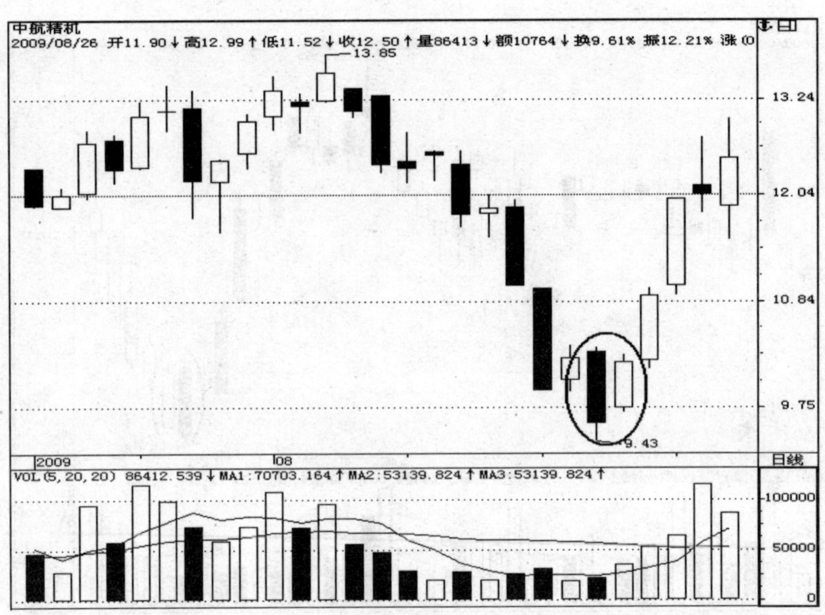

图1-42

广州友谊(000987)

2009 年 8 月走势图(图 1-43)。

广州友谊(000987)2009 年 8 月期间，股价在短线连续下跌后，收出了一根实体极大的阴线，如果仅看当时的走势，股价的下降趋势似乎并未结束。如果后期多方未能组织反攻，投资者便不宜过早介入。

大阴线出现的第二天，股价并未延续惯性下跌，而是在低开后收出了一根大实体的阳线，这一根大阳线力度非常大，吃掉了最后一根阴线的全部实体(不包括低开部分)，这种有能力吃掉全部阴线实体的多头反攻 K 线组合是最值得投资者入场操作的。

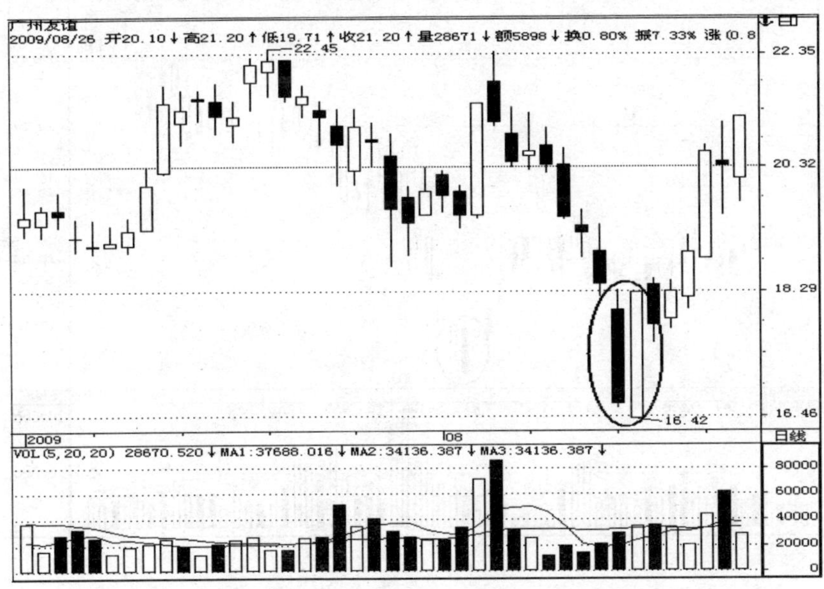

图 1-43

新华百货(600785)

2009年8月走势图(图1-44)。

新华百货(600785)2009年8月期间，在下跌的低点出现了多头反攻K线组合。大阴线虽然继续创新低，但随后的大阳线却完全吃掉了阴线的全部实体，并创下新高（相比阴线开盘价），这是最强势的多头反攻K线组合。

力度弱一些的多头反攻应当吃掉阴线的大多数实体部分，但并未能创出新高，而力度强的多头反攻不仅可以吃掉全部阴线实体，还可以创下新高。对于这种走势，投资者应当更加激进地进行操作。

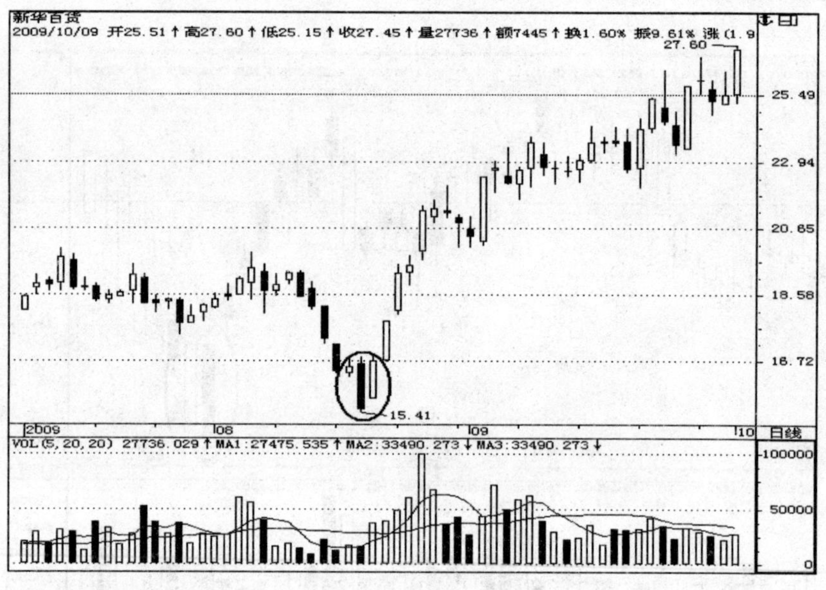

图1-44

大杨创世(600233)

2009年9月走势图(图1-45)。

大杨创世(600233)2009年9月期间，股价的底部与上升趋势均明确形成，这意味着投资者做多机会的到来。

在面临前高点区间，收出一根高开低走的阴线，第二天又收出一根大实体的阳线吃掉了阴线大部分实体。这是一组在上升趋势中形成的多头反攻K线组合。

在实战操作中，无论是股价真实地下跌，还是高开低走，只要在阴线出现以后第二天收出吃阴的大阳线，都将意味着上升趋势将会继续延续，上升趋势的延续也意味着投资者依然有机会实现盈利。

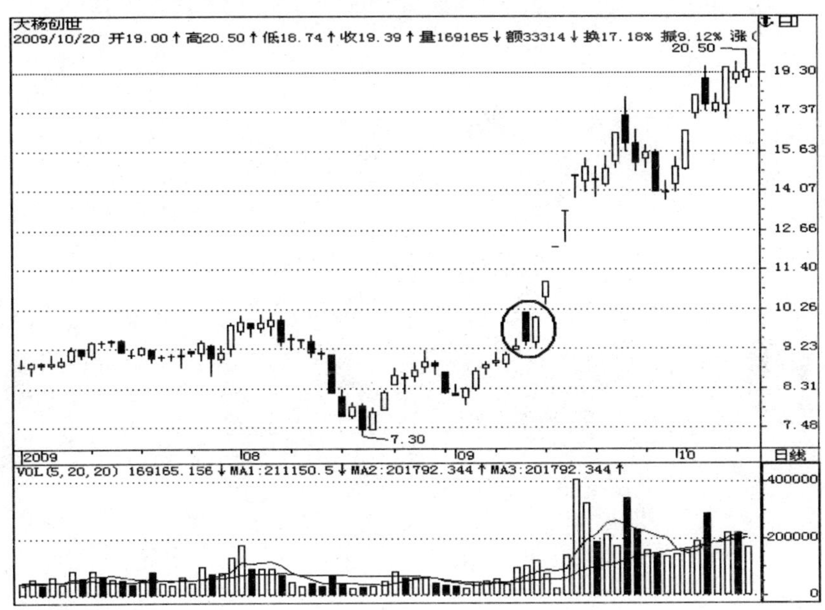

图1-45

第七节　空头打压

低位有多头反攻 K 线组合，相对应的高位也将会有空方的打压 K 线组合。空头打压 K 线组合常见于股价上涨的高点区间，有些时候在下跌过程中也会出现空方并没有打压 K 线组合。

空头打压 K 线组合由两根 K 线构成，一根实体较大的阳线，随后出现一根大阴线，要求阴线可以吃掉阳线绝大多数的实体。

九龙山(600555)

2009 年 7 月走势图(图 1-46)。

九龙山(600555)2009 年 7 月，股价经过连续的上涨，已到达相应的高位区间。股价连续的上涨虽然可以给投资者带来巨大的盈利，但随着股价越涨越高，投资者也就越需要留意风险随时的产生。

在收出最后一根大阳线的第二天，一根大实体的阴线出现，这根阴线向下吃掉了阳线的大部分实体，这种走势就是空头打压 K 线组合的基本形态。在高位区间出现空头打压 K 线组合投资者需要及时考虑进行卖出。

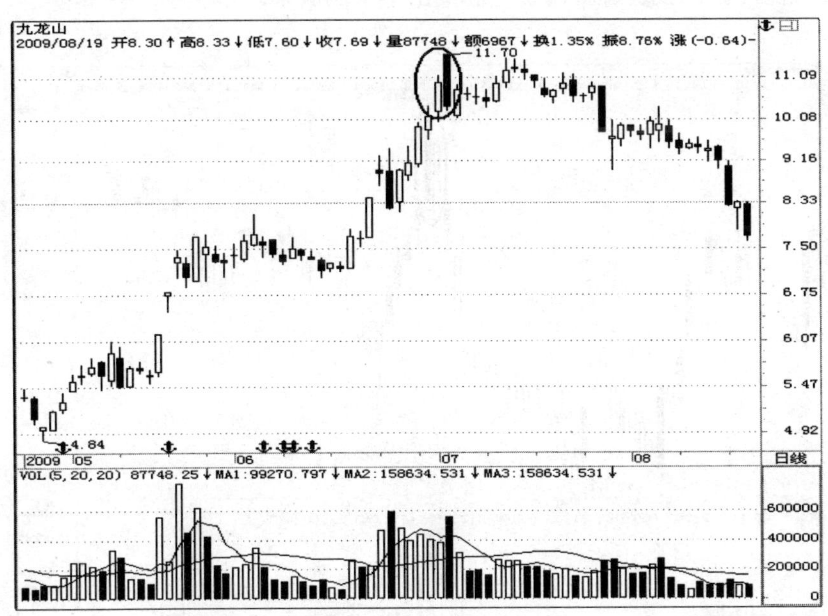

图 1-46

延华智能(002178)

2009 年 9 月走势图(图 1-47)。

延华智能(002178)2009 年 9 月股价出现了短线快速上涨的走势，大阳线出现以后，股价第二天却并未惯性上涨，而是高开之后出现了连续下跌的走势，这一天的阴线吞掉了阳线大部分实体，形成了空头打压 K 线组合。

如果多方力度强大，收出大阳线以后股价往往会继续上涨，但是，如果随着股价的涨高多方力量开始越来越弱，那么，空方便会有机可趁。大阳线之后的大阴线说明多方已是强弩之末，空方已有能力与多方抗衡，在空方力度转强的时候，投资者就需要考虑卖出手中的股票。

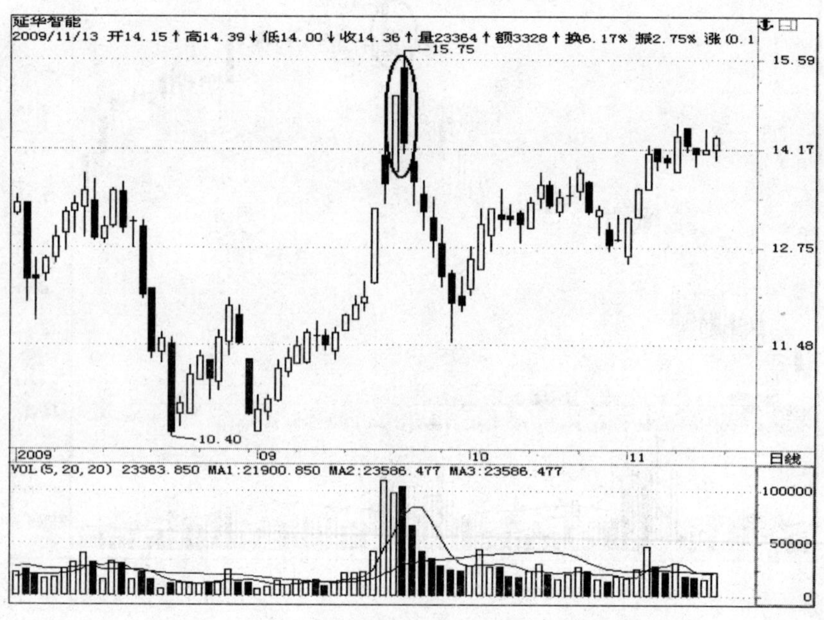

图 1-47

三全食品(002216)

2009 年 9 月走势图(图 1-48)。

三全食品(002216)2009 年 9 月在形成底部的上涨过程中，连续收出阳线，虽然阳线实体有大有小，但持续出现的阳线充分说明了多方力度的强大，在没有出现阴线的时候，投资者应当继续持股做多。

最后一根阳线出现后，一根大实体的阴线从空而降，这一根大阴线一举吞掉了二根阳线，这说明空方的力度此时已经很大。股价高位多方动能已严重不足，因此空方才有还手之机。在空方有能力阻止多方上攻时，上涨行情往往有结束的可能，因此，投资者应当在此时卖出手中的股票。

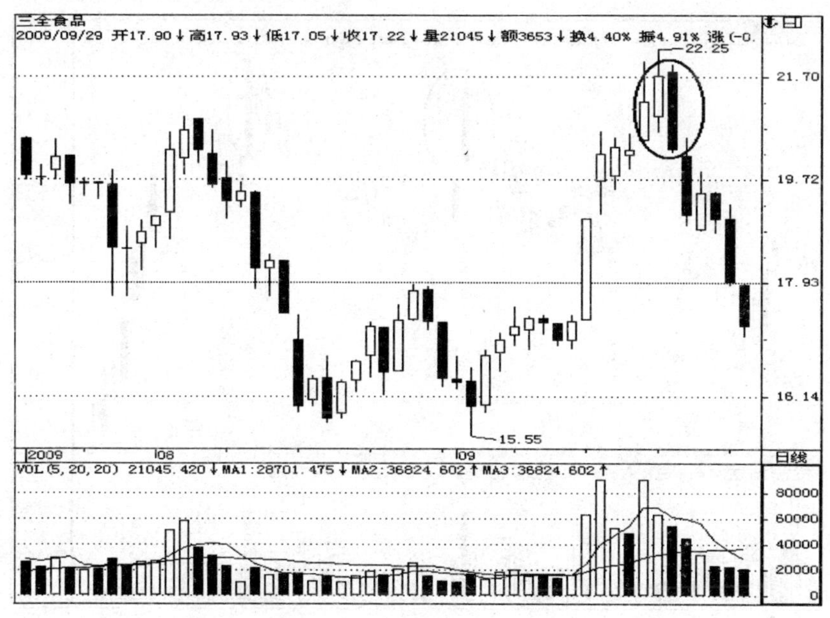

图 1-48

鑫茂科技(000836)

2009 年 7 月至 8 月走势图(图 1-49)。

鑫茂科技(000836)2009 年 7 月至 8 月在上涨的高点区间先后两次出现空头反攻走势，每一次空方反攻 K 线组合出现后，股价均出现了下跌的走势，由此可见，对于高点区间的这种走势，投资者一定要提高警惕。

空头反攻 K 线组合中最重要的便是阴线的走势，要求阴线必须有能力吃掉阳线绝大多数的实体，如果可以将阳线全部吞没并创下新低，这将对空方是最好的，但是对于投资者来讲，这种走势却是必须要回避的。阴线实体越大，吞没阳线的范围越大，未来引发的风险也就越大。

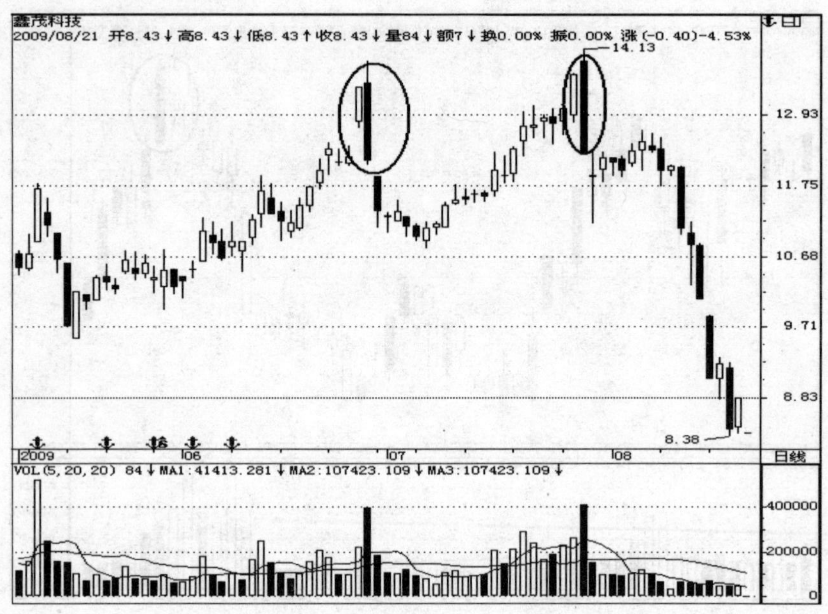

图 1-49

美的电器(000527)

2009 年 8 月走势图(图 1-50)。

美的电器(000527)2009 年 8 月期间，在下跌的中途收出了一根大实体的阳线，这一根阳线吞没了两根阴线，这是下跌结束的信号吗？

如果股价下跌结束，较大实体的阳线出现后将会继续上涨，但是，阳线出现的第二天，股价大幅低开，至收盘吞掉了阳线的全部实体(不含高开部分)，由此形成空头打压 K 线组合。下跌过程中出现的空头反攻走势，意味着下跌的行情并未结束，目前股价的位置仅处于下跌中途，所以，投资者依然不能入场做多。

图 1-50

第八节　红匕首

红匕首是股价上涨到高点以后一种常见的顶部信号，很容易引发股价的回落。所以，这种K线组合投资者必须要熟练掌握。

红匕首由两根K线构成，一根带有较长上影线的阳线，以及一根下跌的阴线。长上影线说明空方将股价打落了下跌，而阴线则说明空方乘胜追击，两根K线在一起充分说明了空方力量的强大，因此，投资者应当及时逢高出局。

三峡新材(600293)

2009 年 8 月走势图(图 1-51)。

三峡新材(600293)2009 年 8 月在连续三天收出大阳线后，股价形成了大幅冲高回落的走势，长长的上影线说明空方已有足够的能力与多方抗衡。高位长上影线本身就是一种趋势有可能转变的信号。

长上影线出现后的第二天，收出一根阴线，这两根 K 线形成了红匕首 K 线组合。红匕首是一把插入多方心脏的利刃，这要求投资者必须在红匕首明确形成时及时离场。

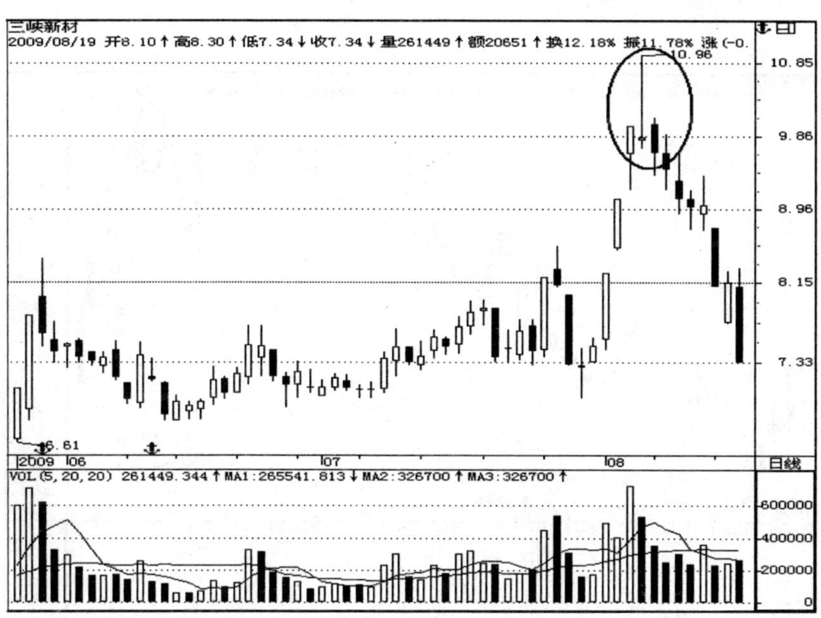

图 1-51

中原高速(600020)

2009 年 8 月走势图(图 1-52)。

中原高速(600020)2009 年 8 月股价经过连续上涨已到达高位区间，对于高位区间的走势，投资者需要随时留意风险 K 线的出现，一旦股价波动有异常，最好及时离场，以避免利润的回吐。

在股价下跌之前，一把红匕首插入多方命门。冲高回落的上影线说明空方已有能力与多方抗衡，而上影线之后的阴线则说明空方乘胜追求，多方无任何还手之力。红匕首出现以后，股价后期出现了大幅下跌的走势，由此可见，红匕首引发的风险有多大。

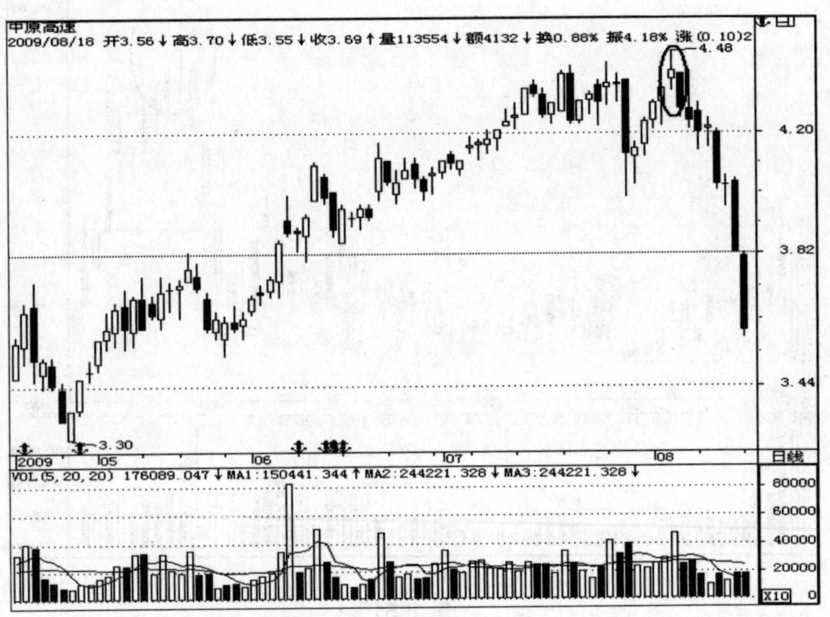

图 1-52

五洲交通(600368)

2009 年 8 月走势图(图 1-53)。

五洲交通(600368)2009 年 8 月在收出红匕首之前，股价的波动已有所异动。创新高的大阳线出现以后，并未继续上涨，而是形成了完全的回落走势，高位区间大阳线后出现大阴线，这就是风险到来的第一信号。

大阴线出现后股价小幅反弹，在反弹的高点处一根长长的上影线再度说明多方受到空方的打击。第二天的阴线使得红匕首 K 线形态得以成立。异常的波动形态容易导致股价反方向的波动，红匕首出现后股价大幅度的下跌就是证明。

正常的上涨应当处处呈多方占优势的形态，大阴线与长上影线都不允许出现，而一旦出现，投资者就要意识到这是风险到来的信号。

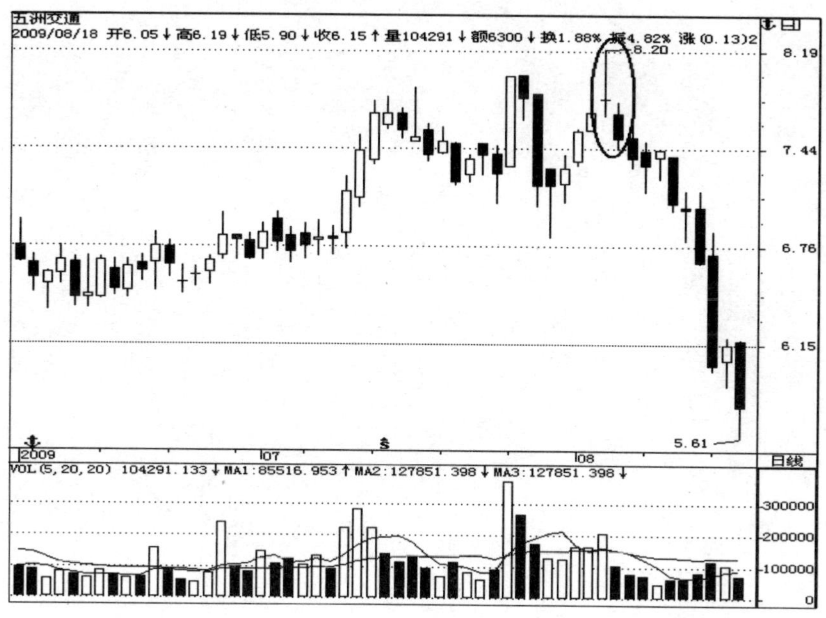

图 1-53

第九节　绿匕首

绿匕首也是一种顶部常见信号，它与红匕首的波动性质一致，不同之处在于：红匕首中带有上影线的K线是一根阳线，而绿匕首则是一根阴线。绿匕首说明空方的打击力度更大一些，同时也意味着后期下跌的可能性会更大。

无论是红匕首还是绿匕首，投资者都应当在K线组合形成时及时地离场回避风险。

沈阳化工(000698)

2009年8月走势图(图1-54)。

沈阳化工(000698)2009年8月在收出了一根大阳线之后，股价并未能够继续大幅上涨，而是收出了一根带有上影线的阴星K线，如果股价所处的位置较低，这种走势意味后期还有进一步上涨的可能，但是处于高位，投资者对这种K线就要多加小心。

带有上影线的阴星K线出现后的第二天，再度收出一根阴线，至此，绿匕首K线组合形成。当投资者发现绿匕首出现时，一定不要报有太多幻想，否则利刃必将使你惨遭割肉痛苦。

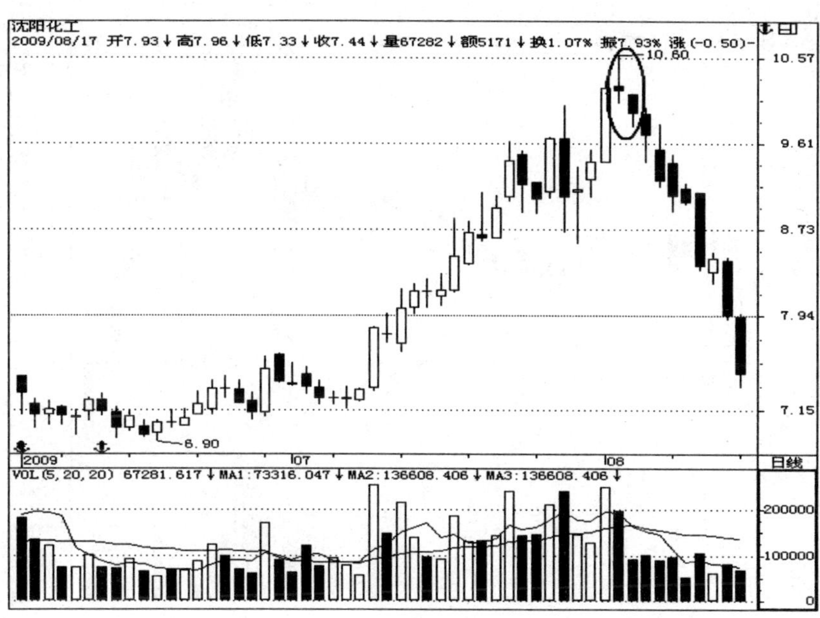

图1-54

万力达(002180)

2009 年 8 月走势图(图 1-55)。

万力达(002180)2009 年 8 月期间，股价于上涨高点收出一根大阳线后，却收出了一根低开的阴线，这一根阴线带有较长的上影线，这说明多方虽然在盘中反抗，但最终却是空方取得了胜利。

上影线阴 K 线出现后，股价再度下跌，并完全跌破大阴线的全部实体范围，至此绿匕首出现。当连续两天小幅反弹后，再度收出一组绿匕首 K 线组合，连续两把匕首插入身体，多方如果再坚持两根绿匕首的连续出现终于引发股价后期大幅下跌。

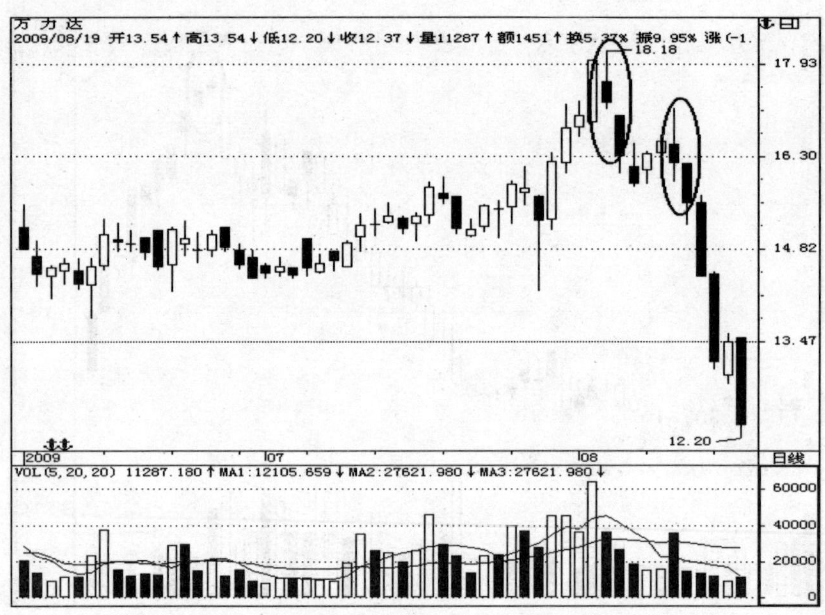

图 1-55

海南航空(600221)

2009 年 7 月至 8 月走势图(图 1-56)。

海南航空(600221)2009 年 7 月至 8 月分别收出了一组红匕首和一组绿匕首。在两把匕首插在高点上方的时候，一轮短线暴跌行情随之出现。

无论是红匕首还是绿匕首，上影线越长，越意味着空方的力量强大，第二天阴线的实体越大，则意味着后期股价继续下跌的概率越大。同时，绿匕首出现后，股价下跌的可能性也与前期的涨幅有关，如果之前股价涨幅较小，后期下跌空间可能也比较小，而如果股价涨幅较大，未来下跌的幅度就可能会比较大。

绿匕首与红匕首出现的次数非常多，基本上每一只个股的高点都有它们的身影，因此，投资者需要将这种风险性质的 K 线分析方法牢牢地掌握。

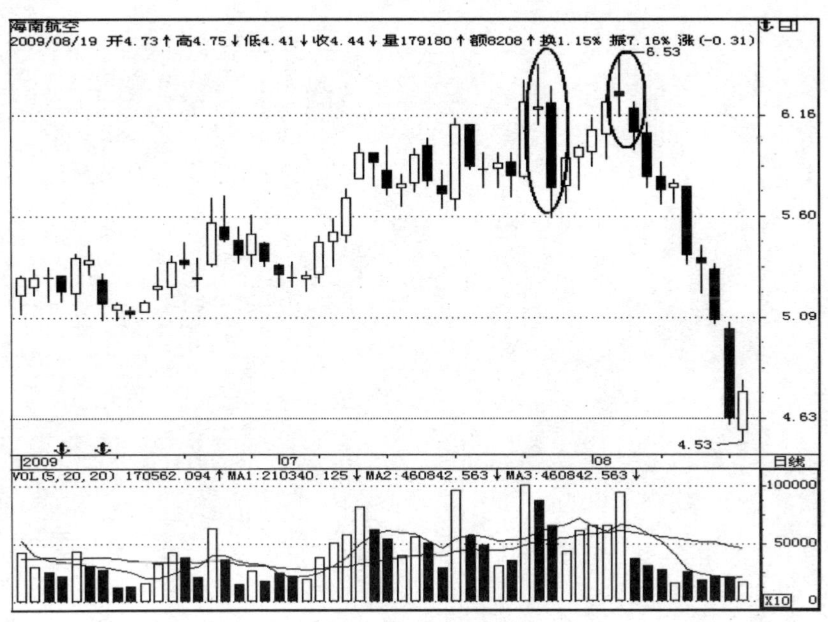

图 1-56

第十节　二龙戏珠

在一些故事里，有白龙也有黑龙，而白龙多是善良的，黑龙则做尽坏事，是邪恶的代表。在K线图中，二龙戏珠有两种形态，一种是白龙戏珠，它传达了未来股价有可能继续上涨的信号；而另一种就是黑龙戏珠，它传达了未来股价将会继续下跌的信号。

天音控股(000829)

2009 年 10 月末走势图(图 1-57)。

天音控股(000829)2009 年 10 月末在经过短线调整以后，收出了一根实体较大的阳线，这一根阳线的出现有明显挑战前期高点的迹象。

但是，大阳线出现后股价第二天并未上涨，而是收出一根小阴线，小阴线的出现使得方向暂进不太明显，是蓄势继续上涨，还是受到产生回落？但是，第三天股价的波动给出了明确的方向。

一根大实体的阳线再度出现，它明确创下了近期的新高。同时这根阳线与前一根阳线成为了两条白龙，而中间的小阴线则是它们嬉戏的龙珠。二龙戏珠是股价将会继续上涨的信号，是投资者可以买入股票的技术理由之一。

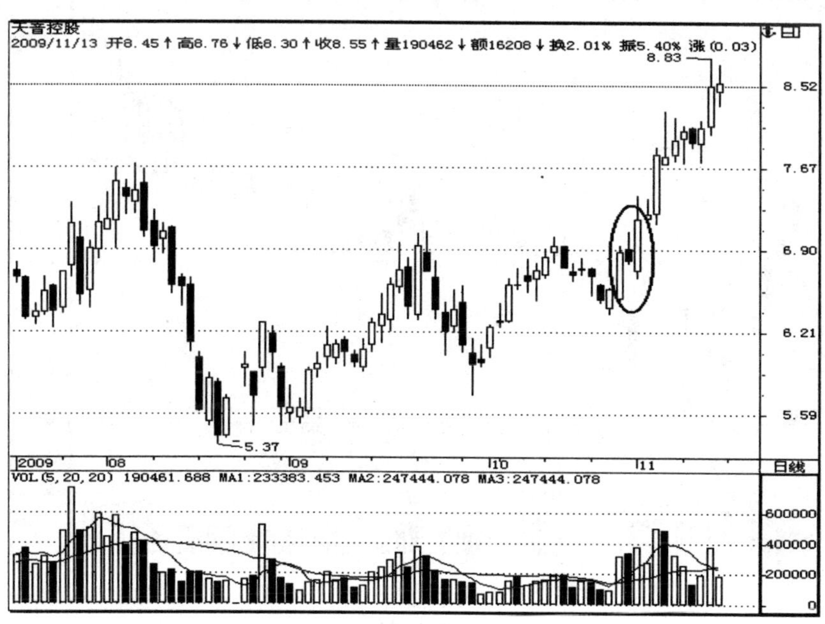

图 1-57

东阿阿胶(000423)

2009年10月走势图(图1-58)。

东阿阿胶(000423)2009年10月一根中阳线的出现突破了横盘区间的高点，这一根中阳线起到了突破与促使上升趋势进一步明确的作用。

阳线出现的第二天收出一根小阴线，但随后再度收出一根实体较大的阳线。两根阳线中间夹着一根小阴线，这就像两条白龙在戏珠。白龙是善良的，所以这种K线组合往往意味着股价后期将会继续上涨。

在实战操作时，要求中间的珠不能过大，如果阴线实体过大，两条小龙又如何戏得起来？

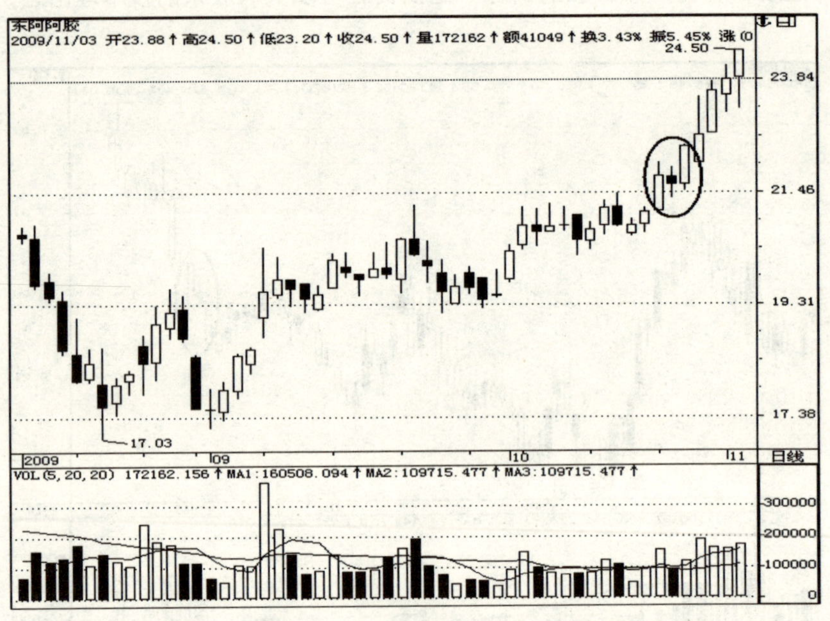

图 1-58

芜湖港(600575)

2009 年 6 月走势图(图 1-59)。

芜湖港(600575)2009 年 6 月期间股价形成了一轮中线上涨行情，上升趋势非常单一，明确的上升趋势线从未有过破位的迹象。

在上涨的过程中，股价收出了一组二龙戏珠 K 线组合，它的出现向投资者提示了股价未来还将会继续上涨的信号。

如果等到二龙戏珠完全形成时再入场操作，介入的成本有可能会比较高，因此，在实盘走势中，如果投资者发现第一根阳线过后的阴线非常小时，可以在第三天股价吃掉小阴线全部实体范围时入场进行操作，这样一来持仓成本就可以低一些。

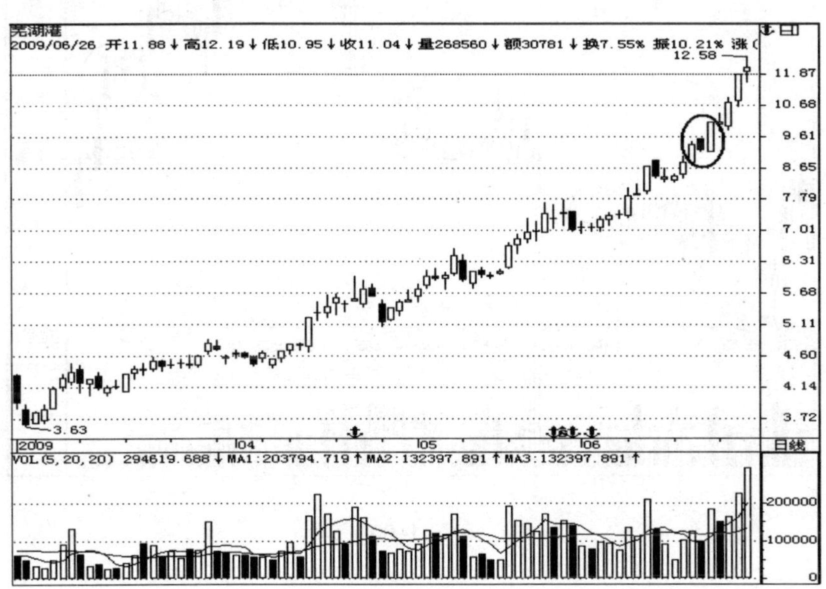

图 1-59

宜华地产(000150)

2009年8月走势图(图1-60)。

宜华地产(000150)2009年8月股价明确形成顶部，并已产生了连续的下跌，在下跌过程中，收出了一组二龙戏珠K线组合。

只不过这组K线组合并不是两条白龙在嬉戏，而是两条黑龙，黑龙是邪恶的，因此，这组K线组合是在向投资者提示风险的延续。两根阴线夹着一根实体很小的阳线，阳线无法吃掉阴线，这说明空方力量依然非常强大，股价继续下跌的概率极大。

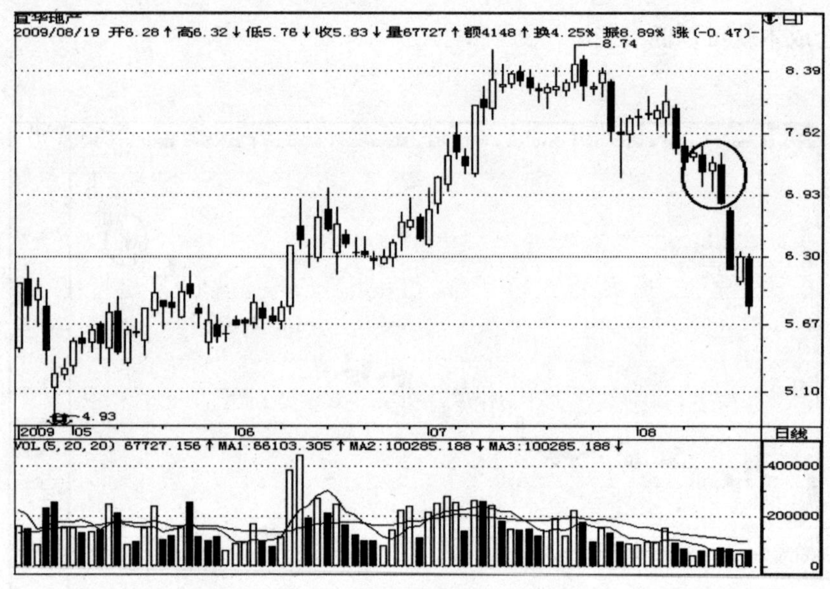

图1-60

长源电力(000966)

2009年8月走势图(图1-61)。

长源电力(000966)2009年8月股价于下跌的中途收出了一根大实体的阴线，大阴线出现的第二天收出一根带有较长下影线的小阳线，这根下影线是下跌终止的信号吗？

如果这根下影线说明空方无量，那么近期只要收出一根大实体的阳线投资者便可以入场进行操作。但是，这根下影线并未起到促进底部形成的作用，随后一根大阴线明确形成了破位的走势。

两根大阴线夹着一根小阳线，这就好像两条黑龙在戏珠，连续的大阴线说明空方力度非常大而强，而带有下影线的小阳线只体现了多方力度的虚弱。在多方力度极小的情况下，投资者怎能继续做多？

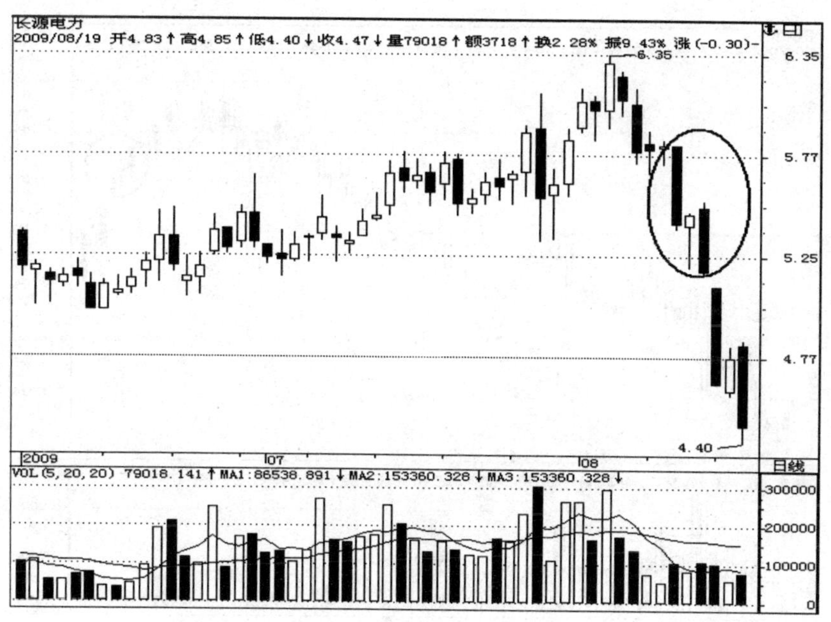

图1-61

唐钢股份(000709)

2009 年 8 月走势图(图 1-62)。

唐钢股份(000709)2009 年 8 月在下跌中途收出了一组二龙戏珠 K 线形态，这组 K 线形态出现后，股价继续下跌。从这三根 K 线来看，两根阴线占据了优势，说明空方力度较大，而实体较小的阳线则反映了多方无力的状态。K 线组合就是要从 K 线变化中去分析多空力度的对比。

如果投资者不幸在此时持有股票，一旦阴线明确跌破小阳线的实体范围，就一定要及时地离场，否则股价后期继续地下跌必然会使投资者资金继续缩水。

二龙戏珠是出现于上涨中途(白龙)或下跌中途(黑龙)的，因此这种方法属于中继买卖方式，是用于错过低点或错过高点后的补救措施。

图 1-62

第十一节 上涨之星

上涨之星也是常出现于股价低点区间的K线组合，是一种经典的底部信号。上涨之星由三根K线构成，一根下跌的阴线，随后一根可以是任何形态的星K线，最后出现一根实体较大的阳线。

阴线后的星K线说明空方暂时下跌无力，而之后的阳线则说明在空方无力情况下，多方强有力的反击。

泛海建设(000046)

2009年4月走势图(图1-63)。

泛海建设(000046)2009年4月股价经过缓慢震荡下跌后，收出了一根实体较大的阴线，正常情况下，阴线实体变大意味着股价还有可能继续下跌。但是，这一根阴线出现后，股价收出一根低开的星K线。

星K线的出现说明多空双方力度暂时一致，如果后期再收出阴线，则意味着下跌趋势将会延续，这也非常符合当前股价形成的下降趋势。但是，星K线出现后，却收出了一根实体很大的阳线，并一举将阴线吞没，这三根K线连续出现构成了上涨之星K线组合。

上涨之星K线组合往往是一轮上涨行情的起点，也是下降趋势与上升趋势的转折点。

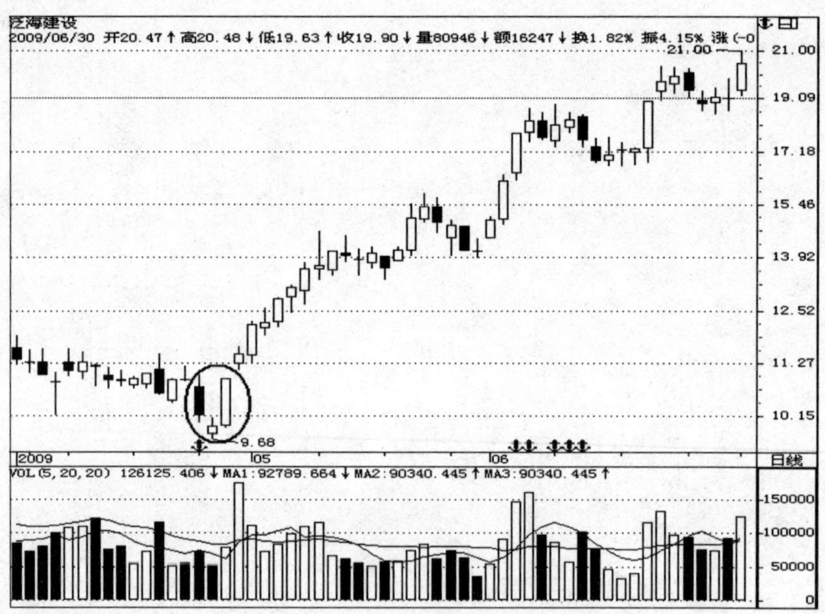

图1-63

东方锆业(002167)

2009年9月走势图(图1-64)。

东方锆业(002167)2009年9月股价经过一轮短线下跌后再度上涨，调整的低点成为了投资者入场买进股票的绝好时机。那么，低点区间有什么样的技术特征可以作为买入的依据呢？

在下跌的末期，一根阴线出现过后，收出了一根星K线，星K线本身体现了多空双方力度暂时趋于一致，股价后期是涨是跌还需要再借助一根K线来验证。而第三天，一根大阳线随之出现则向投资者提示了方向。

一根阴线、一根星K线以及一根实体较大的阳线，构成了标准的上涨之星K线形态，这就是股价下跌结束上涨开始的信号。

图1-64

龙溪股份(600592)

2009 年 9 月走势图(图 1-65)。

龙溪股份(600592)2009 年 9 月股价经过再次的下跌，到达前期低点的位置，理论上来讲，前期低点将会存在重大的支撑，因此，投资者应当随时留意这个区间 K 线形态的变化。

在下跌的低点，一根阴线过后出现了一根星 K 线，随后一根大实体的阳线出现，这根大阳线吞没了前期数根阴线，上攻的力度非常大。三根 K 线构成了标准的上涨之星，这意味着前期低点对当前的下跌起到了强大的支撑作用，同时，也是又一轮上涨行情的出现。

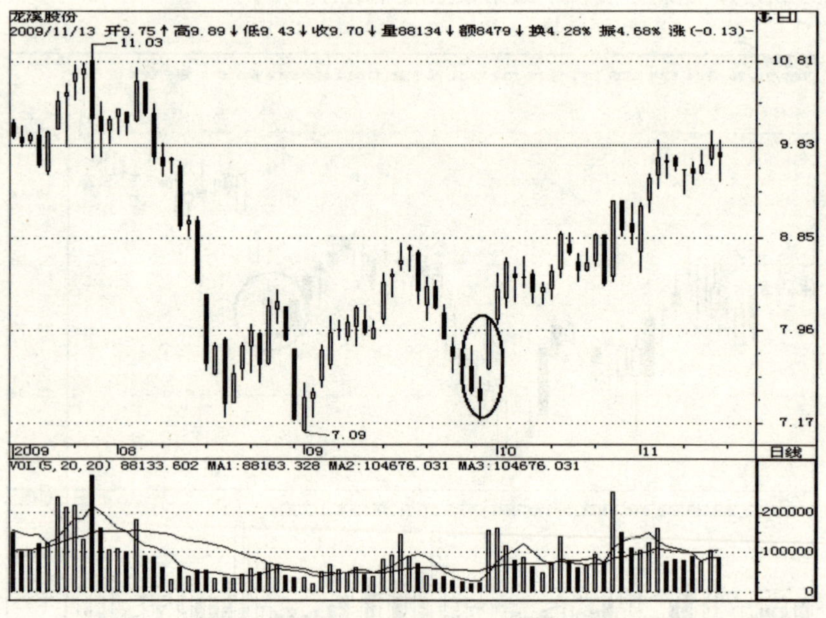

图 1-65

浙江东日(600113)

2009 年 9 月走势图(图 1-66)。

浙江东日(600113)2009 年 9 月股价于下跌低点收出一根大阴线后，连续两天收出星 K 线，而后一根阳线才随之出现，这四根 K 线形态可以视为上涨之星吗？

答案是肯定的。不管一根星 K 线也好，还是两根星 K 线也好，它所体现的都是股价暂无方向，需要由后期的 K 线去验证方向。只要后期收出一根可以确认方向的阳线，便构成了上涨之星。所以，至于是两根星 K 线还是一根星 K 线都是无所谓的。

图 1-66

第十二节 下跌之星

下跌之星是出现在股价上涨高位区间的，同样也是由三根 K 线构成，一根上涨的阳线，随后出现一根星 K 线，而后收出一根代表新方向的阴线。

下跌之星出现时，要求投资者及时离场回避风险，无论后期是否会形成中线下跌走势，至少短线股价会产生一定幅度的回落。

华菱钢铁(000932)

2009年8月走势图(图1-67)。

华菱钢铁(000932)2009年8月期间，股价的涨幅已经较大，在这种情况下投资者就需要随时留意风险的出现。

高点区间收出了一组下跌之星K线组合，这组风险K线组合出现后，股价后期形成了大幅度的下跌。一根阳线后出现一根星K线，这说明多空双方在此相互争夺，但谁会取得最后的胜利，这就要看下一根K线是什么。

第三根K线为一根阴线，这说明空方占据了上锋，趋势对多头不利，所以，投资者也应当及时地离场回避风险。

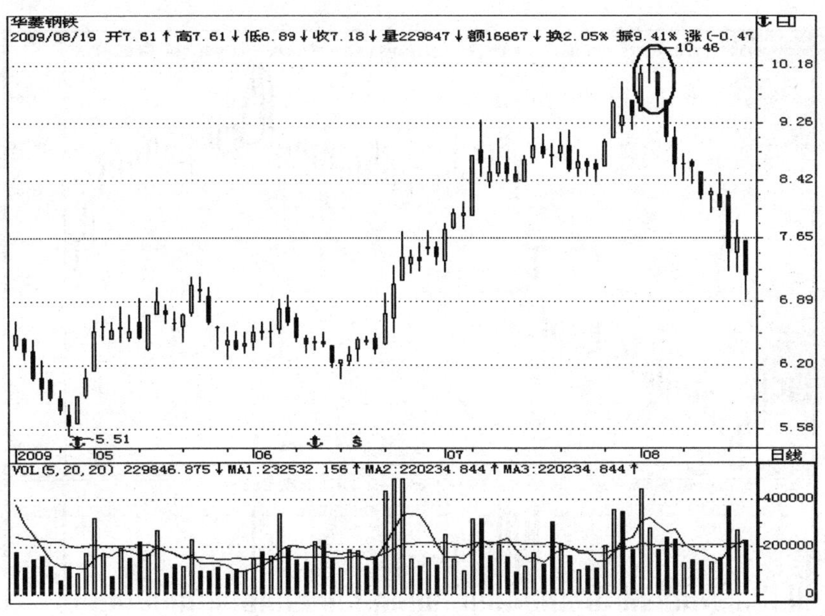

图1-67

特力A(000025)

2009年7月走势图(图1-68)。

特力A(000025)2009年6月期间股价形成了第一个顶部，随后出现震荡调整走势，经过一段时间的震荡，于高点处收出了一组标准的下跌之星K线组合。

阳线的实体非常大，但第二天股价却并未能够继续上涨，而是形成冲高回落走势，而第三天的大阴线则更是不妙，它将大阳线的实体基本上全部吞没。多方无功而返，空方自然要乘胜追击，一组常见的K线组合导致了一轮下跌行情的开始。

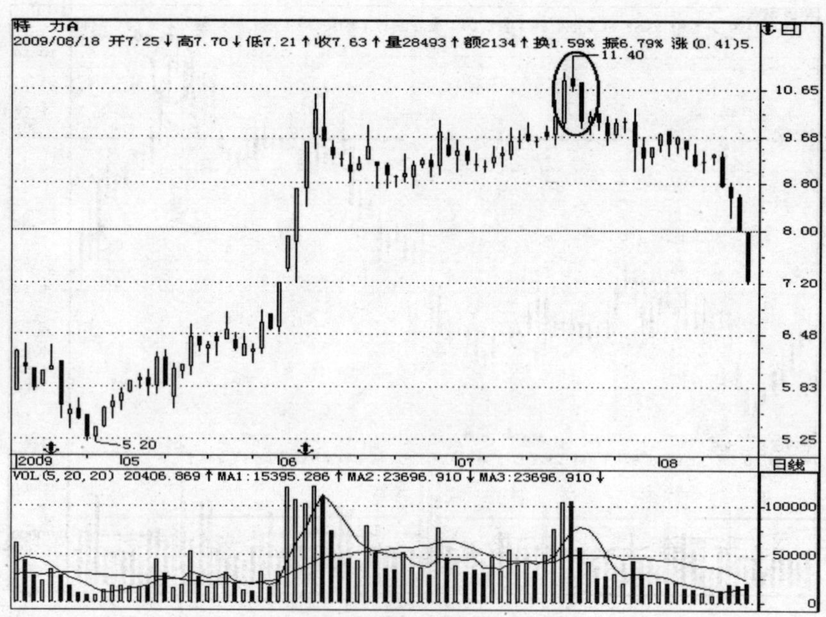

图1-68

鞍钢股份(000898)

2009年8月走势图(图1-69)。

鞍钢股份(000898)2009年8月经过连续震荡上涨，于高点区间收出下跌之星K线组合，由下跌之星开始，股价也随之产生了一轮持续的下跌行情。

将高点区间的下跌之星与之前股价上涨过程中的调整走势进行对比可以看到，之前无论股价如何调整，阴线都未能明确将阳线吞没，而8月期间星K线过后的阴线却吃掉了最后一根阳线，这是上涨过程中从未出现过的事情。因此，导致股价后期大幅下跌也是很正常的事情了。

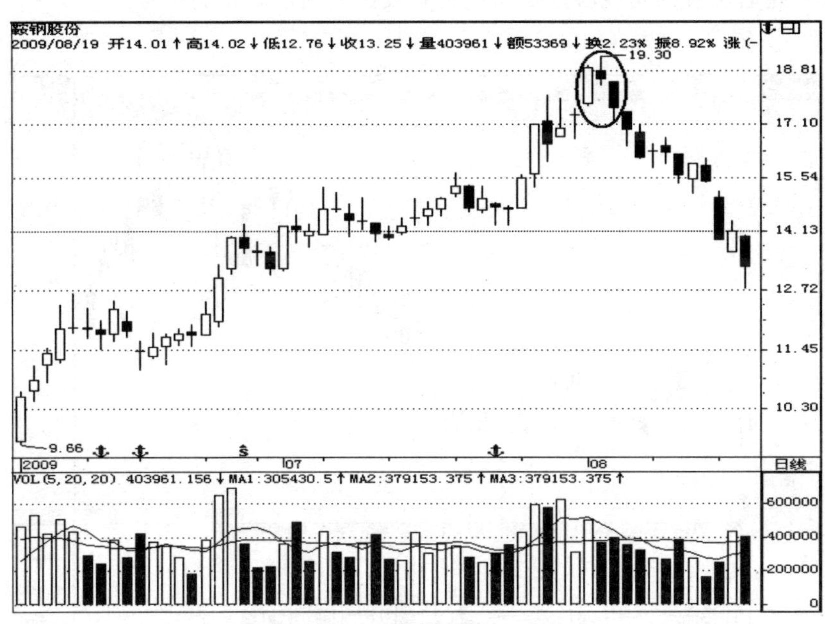

图1-69

兴发集团(600141)

2009年8月走势图(图1-70)。

兴发集团(600141)2009年8月股价上涨到高点后，连续收出星K线，随后才收出一根大实体的阴线。这种K线组合与上述几个案例有着明显的区别。

以上案例大阳线过后只出现了一根星K线，而兴发集团则出现了三根星K线。无论是一根星K线还是多根星K线，都说明在当前是区间多空双方在相互争压，股价连续几天没有明确的方向。但是，这种暂时的平衡必然会被打破，随后出现的阴线就是在向投资者发出方向已确认的信号。

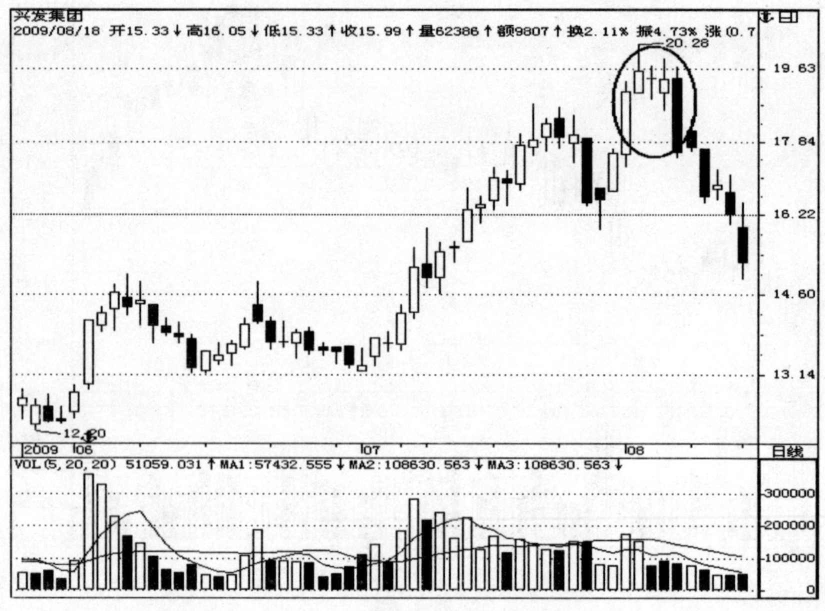

图1-70

第二章

形态战法

进行超级短线操作，投资者需要掌握单根K线的分析技巧，进行三五天正常的短线操作，则需要熟练地掌握各种K线组合分析技巧。而如果投资者进行周期较长一些的趋势性的操作，则必须掌握常出现的K线经典形态的分析技巧。

股价在波动过程中如果形成某种形态，则可以简化投资者的分析压力，可以较为容易地判断出未来股价波动的方向。

第一节　W 底

W 底是股价波动过程中出现次数最多的一种形态，在股价形成明确的 W 底形态后，未来上涨的概率是很大的。

W 底又称之为双重底，因为这种底部形态非常像英文字母“W”，因此而得名。这种技术形态常出现于下跌的末期，有时，在上涨中途股价调整区间也会形成类似形态。W 底反映的是空方力度不足，不能促使股价形成破位，空方力量小，自然多方力量就大，因此，可以视为做多机会的到来。

绵世股份(000609)

2009年8月至10月走势图(图2-1)。

绵世股份(000609)2009年8月股价经过连续下跌后，出现了反弹的走势，但是，第一次反弹的力度并不是太大，股价小幅上涨后便再度出现回落。回落至前期低点时，股价停止下跌，再度形成上涨走势。前一个低点对后面的低点起到了支撑的作用。

由于股价在第二次探底时并未破位，并且随后再次形成上涨，留下了两个低点基本在同一区间的形态。这种下跌、反弹、回落而后再度上涨的形态就称之为W底。W底有两个低点和一个小高峰。

W底对于实战操作的指导意义为：底部是经过又一次下跌确认过的，因此，做多安全性较高。

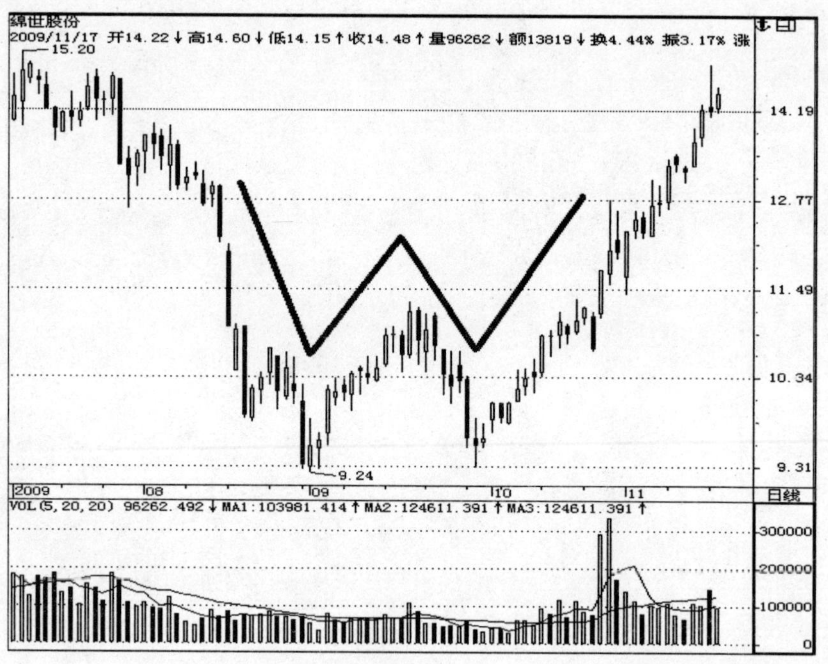

图2-1

ST 成功(000517)

2009 年 9 月至 11 月走势图(图 2-2)。

ST 成功(000517)2009 年 9 月至 11 月股价形成下跌、反弹而后再下跌的走势，第二个低点相对第一个低点有所抬高。这种走势是不是 W 底形态呢？

答案是肯定的，因为它符合两个低点与一个小高峰的技术要求。标准的 W 底形态，两个低点是水平的，但是，也会有两种变化形态，ST 成功底部的走势就是一种变化形态，称之为强势 W 底。

第二个低点高于第一个低点，体现了盘中做多力量的强大，如果同期市场中存在低点抬高的 W 底形态的个股，投资者应当首先对这类个股进行操作。

图 2-2

亿城股份(000616)

2009年8月至10月走势图(图2-3)。

亿城股份(000616)2009年8月至10月股价形成了明显的W底形态，两个低点与一个小高峰非常标准。不同的是，第二个低点略低于第一个低点，这是W底形态的第二种变化形态，称之为弱势W底。

在实战操作时，这类个股只能作为备选目标股，市场中有标准W底形态的个股，或是存在强势W底形态个股，这类弱势W底是不能操作的。

对于W底形态来讲，第二个低点的位置越高，说明场中资金做多的意愿越强烈，因此，这类个股的安全性也就越高，同时，未来股价上涨的空间也可能越大。

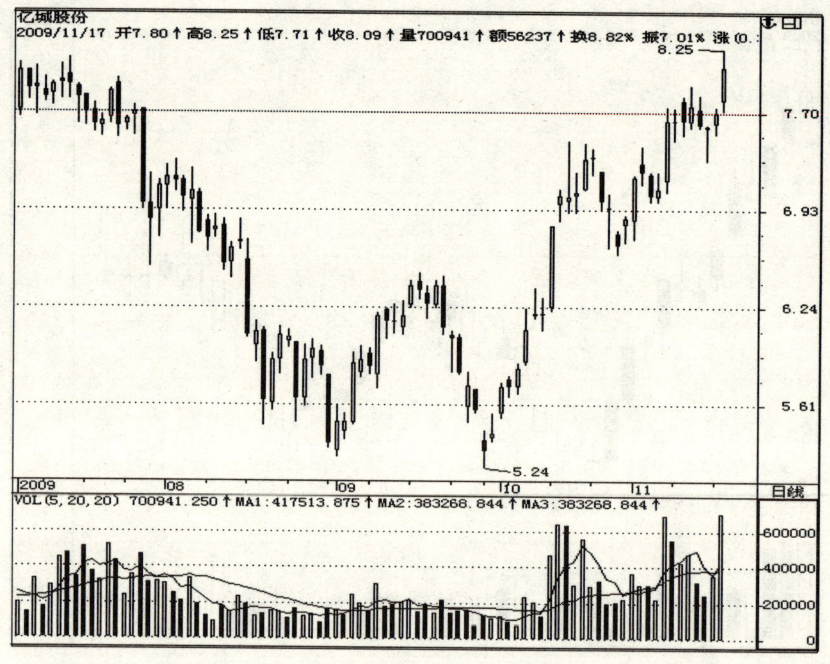

图2-3

商业城(600306)

2009年9月至11月走势图(图2-4)。

商业城(600306)2009年9月至11月于低点处形成了强势W底形态，这意味着未来一轮上涨行情将会出现。当W底形态形成时，投资者还需要密切关注成交量的变化，K线形态完美的时候，也要求成交量必须完美。

W底形成时，股价第二轮上涨的过程中，量能必须放大。当然第一次上涨的时候量能放大这将是最好的，两次上涨均放量说明资金介入积极性很高。不过，技术要求的底限就是成交量在股价第二轮上涨时必须连续放大。

一旦成交量连续放大，投资者就可以介入其中，如果形态失败，止损的方式也很简单，只要股价出现破位走势就卖出股票。

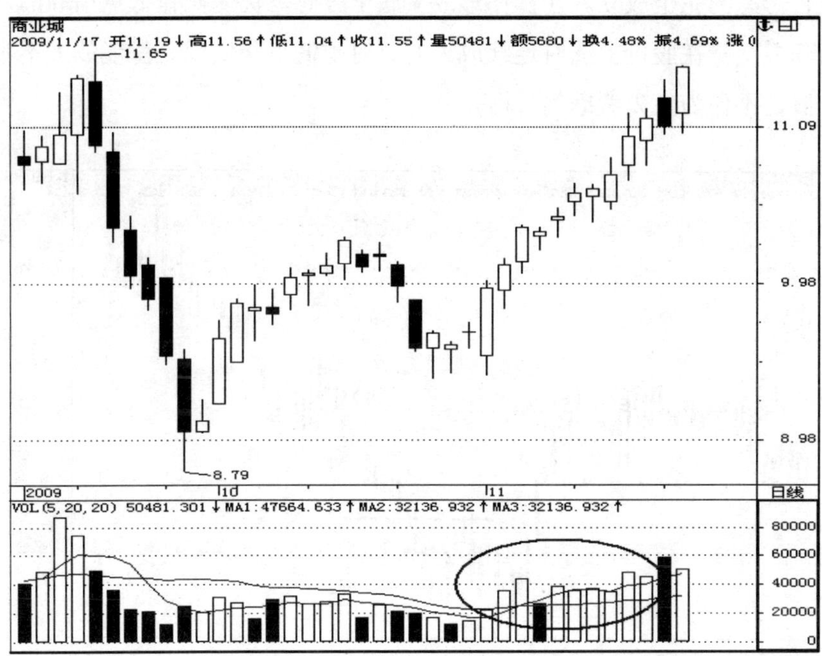

图2-4

上风高科(000967)

上风高科(000967)2009年9月股价于低点区间形成了周期较短的小型W底(图2-5)。如果W底形成的时间较长，未来趋势延续的时间也往往较长，而如果W底形成的周期较短，未来的趋势也可能会短一些。当然，如果同期指数不断向上，个股的上涨周期也肯定会拉长。

在股价形成W底第二轮上涨行情时，成交量出现的连续放大的迹象，量价配合均满足操作的要求。对于W底形成往往有二个常见的介入点：在第二轮上涨时成交量放大便可以直接介入，或是在股价突破颈线位时介入。

颈线位即小高峰高点处的直线，严格来讲，W底形态的形成是以股价突破颈线位为标志的，没有突破上去，意味着W底正在形成，一旦完成突破，则宣告形态的完全成立。在操作形成W底个股时，优先操作低点抬高的，优先操作成交量在股价上涨时连续放大的。对于低点降低或是量能放大不明显的个股，不作为优先考虑的目标。

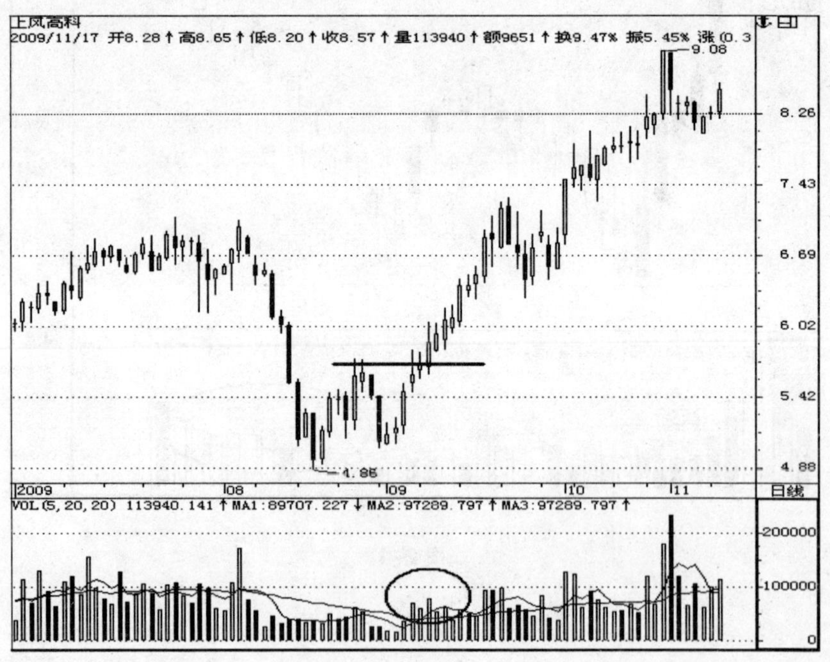

图2-5

第二节　M顶

M 顶是股价上涨到高位以后一种常见的顶部形态，一旦 M 顶形成，股价未来下跌的概率是极大的，因此，这种风险走势，投资者要做到熟练地应用。

M 顶也称之为双顶或双头，由于股价波动的形态类似英文字母 M，故此命名。M 顶体现了股价再度上涨时多方力度的不足，在连续上涨后的高位，一旦多方力度不足，下跌的风险将会增大。

上海能源(600508)

2009年7月至8月走势图(图2-6)。

上海能源(600508)2009年7月股价经过连续上涨后，出现了调整的走势，在此情况下投资者其实还可以继续持股，因为在上涨过程中，需要留给股价正常的波动空间，未来只要还能够继续创新高，便可以一路持股。

调整过后股价再度上涨，但是，到达前一个高点处时上涨便结束，又一次形成回落。此时的走势形成了标准的M头。

标准的M头两个高点的位置是一致的，由两次波上涨和一个低谷构成。一旦第二个高点无法突破前一个高点时，投资者就需要意识到股价有可能会形成M头，因此，需要进行的操作便是尽量逢高卖出。

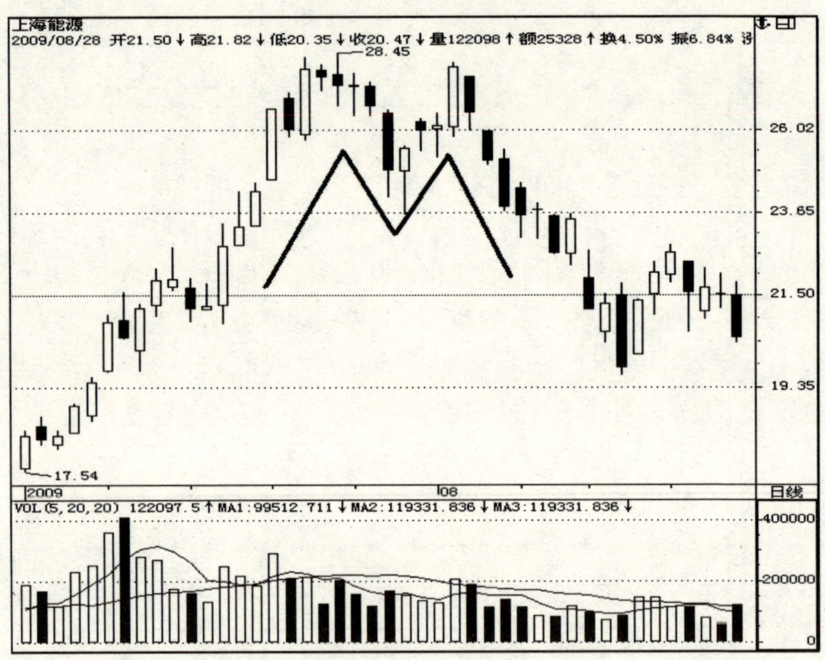

图2-6

方大炭素(600516)

2009 年 7 月至 8 月走势图(图 2-7)。

方大炭素(600516)2009 年 7 月至 8 月股价在上涨的高点处形成了标准的 M 头，两波上涨中间夹着一个低谷，符合 M 头的技术要求。

该案例中的 M 头称之为弱势 M 头，因为第二个高点相比第一个高点略有抬高迹象。不过，抬高的幅度并不是很大，并且股价后期很快又回落到 M 头形态区间之内。

之所以称之为弱势 M 头，是站在空方角度理解的，股价能够小幅创出新高说明多方力度略大一些，而空方力度略小一些，因此称之为弱势 M 头。

虽然股价小幅创出新高，但是在实战操作时，一旦股价再度回落到 M 头区间内，还是需要进行卖出操作的。服从大的顶部形态，而适当忽视局部小形态，才可以避免大的损失。

图 2-7

ST 南方(000716)

2009 年 7 月至 8 月走势图(图 2-8)。

ST 南方(000716)2009 年 7 月至 8 月股价经过大幅上涨后，于高点形成了 M 头走势，这个 M 头与前两个案例有所不同，第二个头部比第一个头部明显降低，这是 M 头的一种强势特征，因此，称之为强势 M 头。

站在空方角度来讲，股价第二次上涨时并未到达第一个高点，这说明空方力度较大。在空方力度较大的情况下，股价未来下跌的概率也是非常大的，因此，这种形态的 M 头所引发的风险也是极大的。

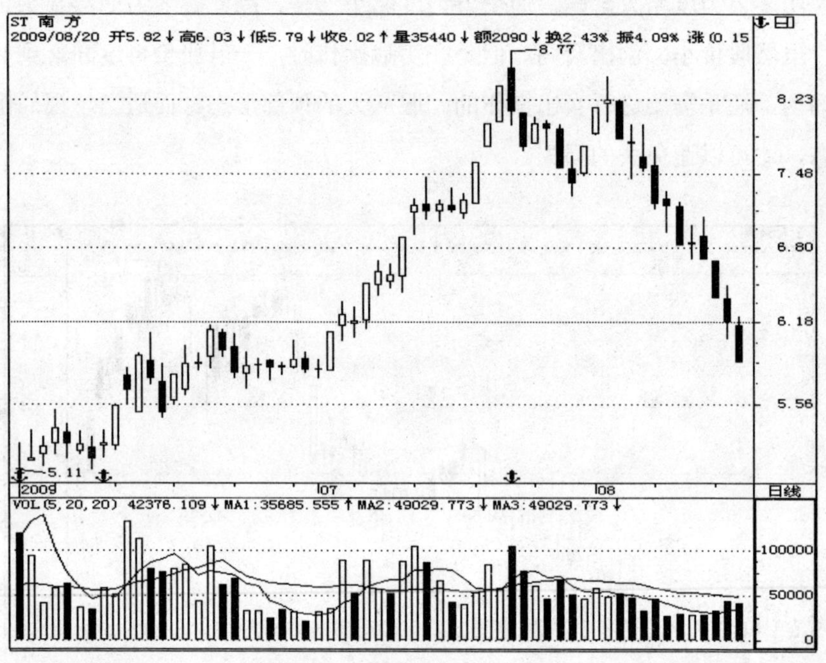

图 2-8

芭田股份(002170)

2009年8月走势图(图2-9)。

芭田股份(002170)2009年8月，在股价下跌之前形成了标准的M头，两波上涨夹着中间的低谷，以及两个高点的基本水平均符合M头形态的技术要求。

在对股价波动进行分析时，投资者千万不能忘了结合成交量进行同步分析，因为成交量的变化反映了资金进出状况。既然是头部，主力资金必然会在高点处进行出货操作，而随着出货的进行，主力资金库存股票数量的不断减少所能引发的成交量也将会降低。

在M头中，第二个高点处的整体量能往往比第一个高点处的量能小，请大家注意，这里所说的是整体量能，而并非某一天的量能。量能的整体减少同时也说明场中做多资金数量的减少，在这种情况下，股价继续上涨的难度将会增大。

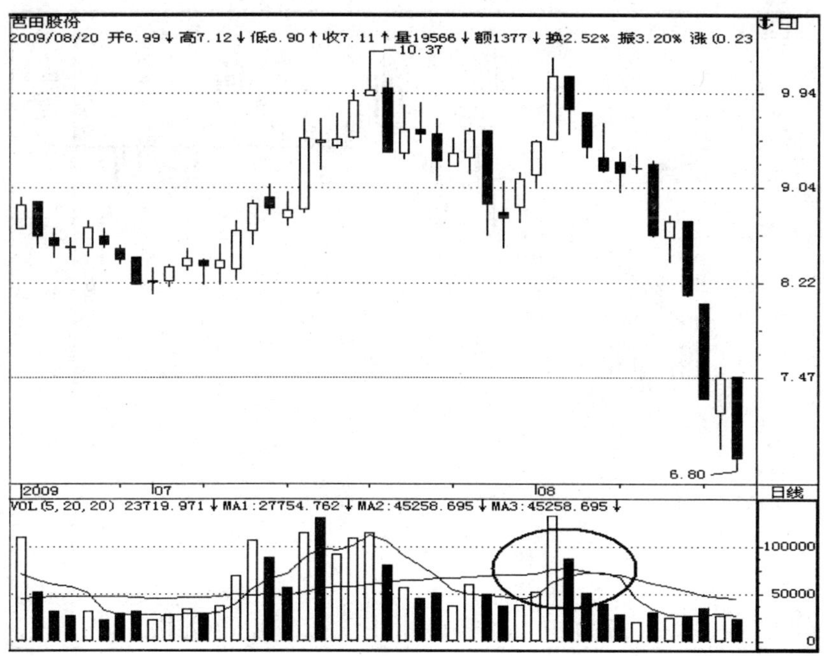

图2-9

博瑞传播(600880)

博瑞传播(600880)2009年7月至8月于上涨的高点区间形成了标准的M头形态（图2-10)。M头的完整构成是由两波上涨夹低谷以及颈线组合的。颈线也就是低谷低点处的直线，它的作用是衡量M头是否明确形成。

如果股价没有跌破颈线，只能说M头正在形成，而一旦跌破颈线则说明M头完全确立。这也意味着跌破颈线的时刻是投资者最后的出局机会。

无论是M头还是W底，股价在突破颈线时，有可能会产生短线反方向的波动，这是为了确认颈线的支撑或压力。反方向波动的幅度并不会太大，并且周期也较长，一旦结束，股价将会继续保持当前大的波动方向。

M头留给投资者出局的机会有两个，一是在第二个顶部区间，二是股价向下跌破颈线位的时候。如果股价形成向下跌破颈线时的反向波动，则可以在小幅反弹出现的高点处再次进行卖出，当然这是不能预期的，因为股价跌破颈线时可能会形成反向波动，也可能会直接向下回落。

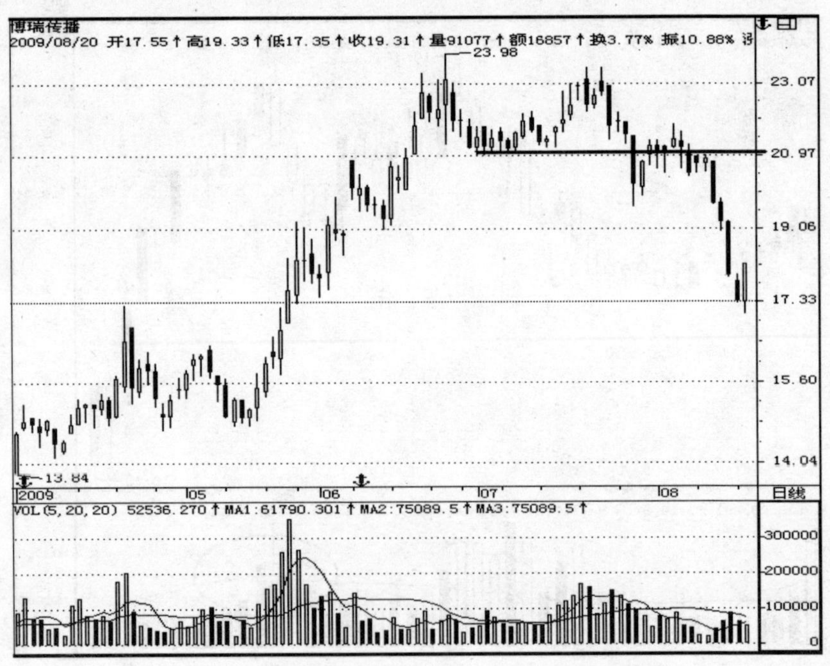

图2-10

第三节　V 形底

V 形底是股价下跌过程中另一种常见的底部形态，这是一种把握难度相对大一些的底部形态，因为股价在低点处停留的时间非常短。V 形底也称之为 V 形反转底，股价下跌后一经见底便会马上上涨是这种底部最明显的技术特征。

这种底部的操作首先应当本着短线抄底的态度进行，如果上升趋势可以不断保持，则继续持股，否则一旦上涨高点形成明显的风险性量价配合，投资者就应当及时卖出。

华夏银行(600015)

2009 年 8 月至 9 月走势图(图 2-11)。

华夏银行(600015)2009 年 8 月期间股价出现了大幅下跌的走势，大阴线的连续出现给做多的投资者带来了巨大的风险。但是，随着股价下跌幅度的增大，投资者也需要意识到，大跌之后必然会有大力度的反弹。

最后一根阴线出现以后，反弹行情快速地出现，此时低点处的形态就像是英文字母 V。从图中的走势可以看到，股价停留在低点的时间非常短，这种底部不允许投资者犹豫，一旦错过，股价便很难再出现低点时的价位。跌得快，而后涨得快是 V 形底最大的特点。

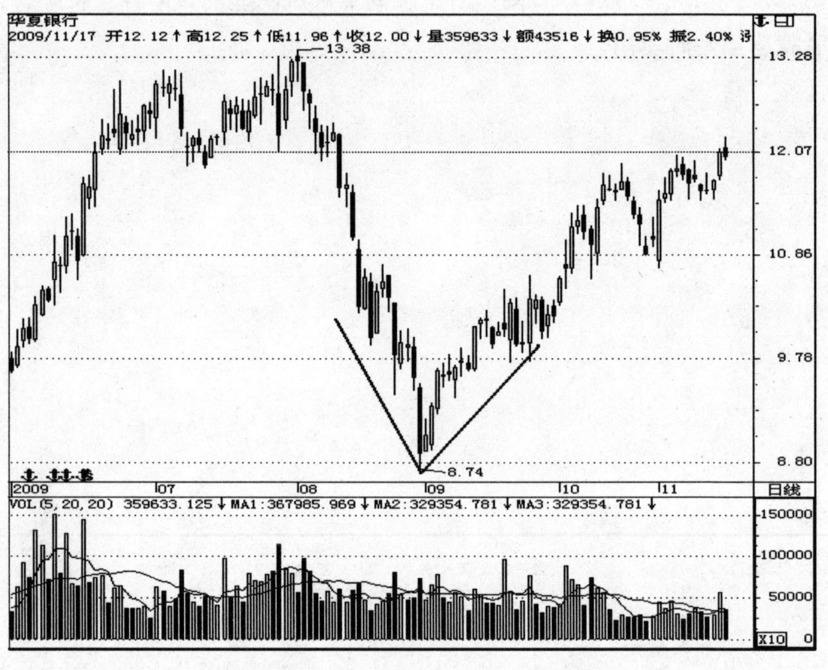

图 2-11

东华软件(002065)

2009 年 8 月走势图(图 2-12)。

东华软件(002065)2009 年 8 月短线出现了大幅下跌走势，股价跌得越来越快，在当时的确有着很大的风险，但是，如果这种下跌可以延续一段时间，并且整体跌幅可以超过 30%，短线将有可能出现反弹。

下跌到低点后，阳线连续出现，下跌的速度与上涨的速度基本一致，怎样跌下去，股价又怎样涨上来，这是 V 形底形成以后最独特的技术特征。

V 形底常出现于近期形成快速下跌的个股走势中，那些下跌速度较为缓慢的个股则很少会形成 V 形底。

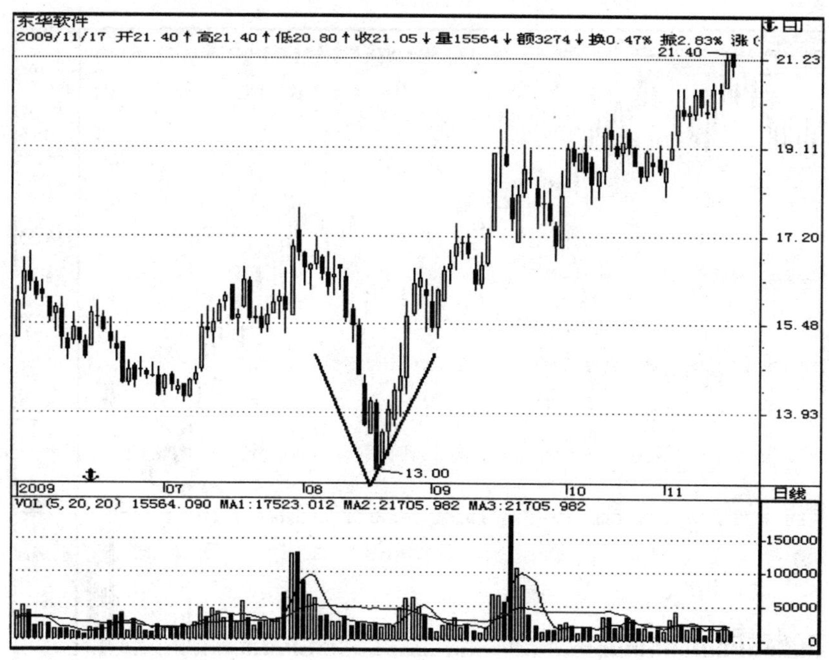

图 2-12

安徽合力(600761)

2008 年 10 月至 11 月走势图(图 2-13)。

安徽合力(600761)2008 年 10 月时期，股价无论是中线还是短线，均出现了大幅下跌的走势，下跌时间越长空间越大，其实也意味着空方动能的减弱，就好像一辆车开得再快，也有油用完的时候。

对于这种大幅且快速下跌的个股来讲，底部往往多会以 V 形出现。下跌到低点以后，股价便快速上涨，连续出现的阳线如同下跌时连续出现的阴线一样，价格虽然跌得快，但一旦见底，涨的也是同样的快。由此可见，形成 V 形底形态的个股具备极好的短线操作机会。

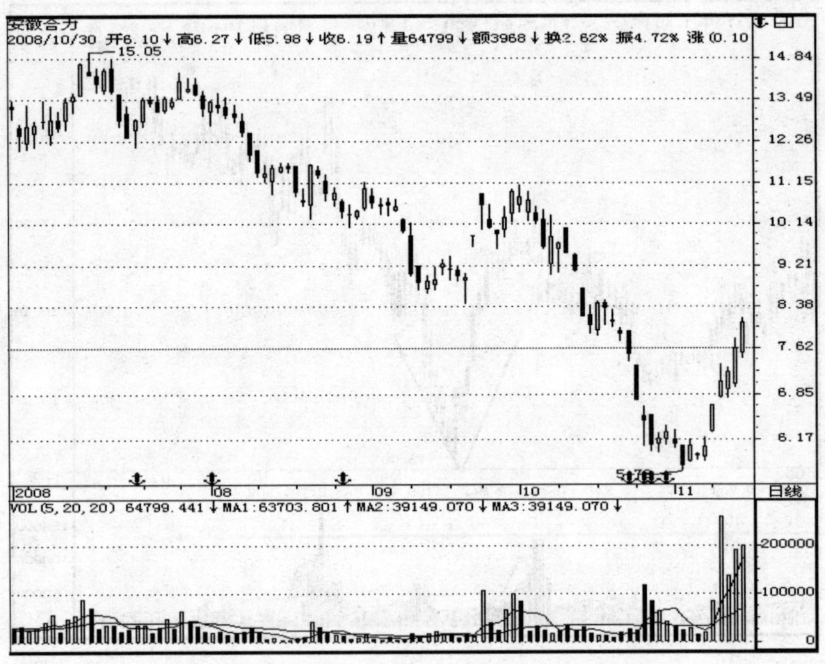

图 2-13

苏州高新(600736)

2008年11月走势图(图2-14)。

苏州高新(600736)2008年11月，股价的整体下跌幅度已经很大，并且下跌末期的阶段，股价下跌的速度进一步增快，这种连续下跌后的加速下跌走势是引发V形底形成的主要原因。

把一个物体从高空抛向地面，触地后必然会反弹跳起，股价的波动也是如此，高空坠落后的反弹是很正常的走势。从见底时第一波上涨行情来看，反弹的速度非常快，股价在低点处停留的时候非常短，一旦错过初期上涨的阳线，后期将很难有机会在低价处进行买进。

因此，一旦在大幅下跌过后股价有收出大阳线，或是连续收出阳线时，一定要敢于入场进行操作。介入时先将操作视为短线性质，如果上升趋势得以延续，便可以长时间做多。

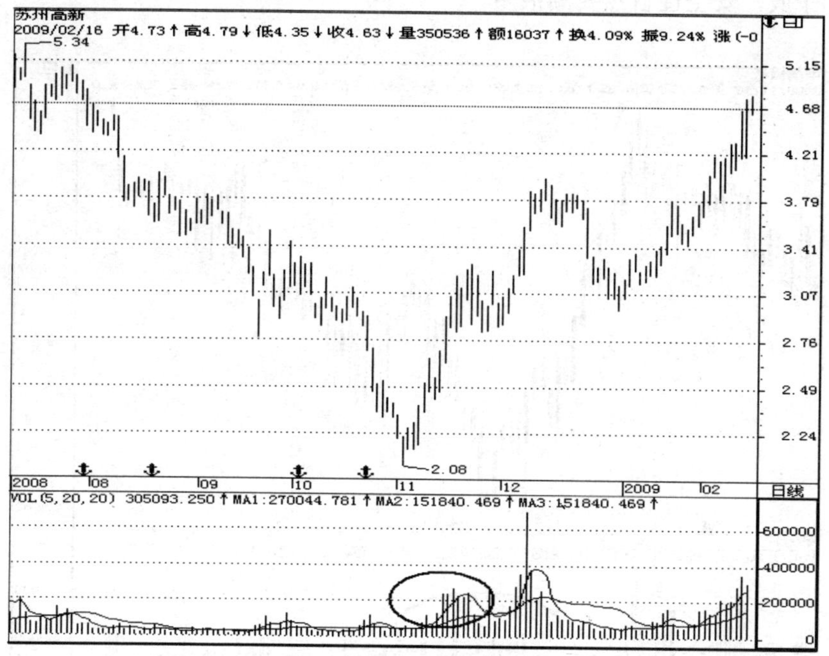

图2-14

中信银行(601998)

2009 年 8 月走势图(图 2-15)。

中信银行(601998)2009 年 8 月股价下跌到低点后，出现了快速反弹的走势，反弹期间阳线不断出现，上涨的力度也非常大，由于下跌与上涨的速度都非常快，因此，K 线波动的形态好像一个英文字母 V，这也是 V 形底名字的由来。

结合成交量分析，V 形底有两种形式，一种是无量 V 形底，另一种是放量 V 形底。从买点角度来讲，放量 V 形底比较容易把握，一旦股价形成大幅上涨，同时成交量明显放大，便可以入场操作。如果股价上涨时无量，则较难准确判断股价上涨的真实性。

因此，在实战操作时，如果同期市场中存在放量 V 形底个股时，这类个股将是操作的首选对象，低点处的放量多是资金的建仓行为，操作有资金介入的个股，安全性自然要高很多。

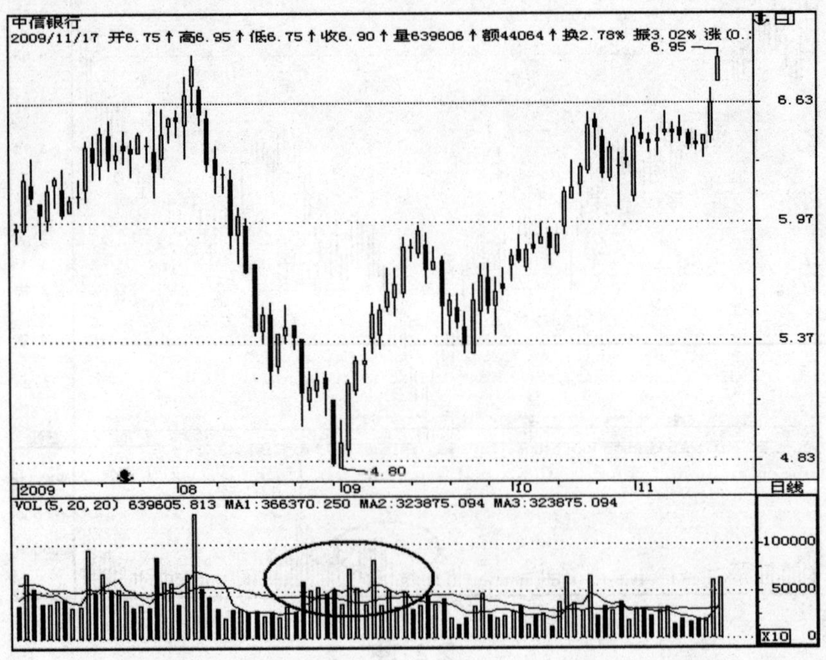

图 2-15

第四节　A 字顶

A 字顶是短线快速上涨个股常见的顶部形态，对于中线个股或是上涨速度较为缓慢的个股来讲，则很少形成 A 字顶。

A 字顶的形态特征为：股价上涨的时候速度较高，见顶后出现连续下跌，下跌的速度与上涨的速度基本一致，从而使得 K 线图留下一个尖形的顶部，这个尖形的顶部好似英文字母 A，因此，将这种 K 线形态命名为 A 字顶。A 字顶也称之为尖顶。

华能国际(600011)

2009 年 8 月走势图(图 2-16)。

华能国际(600011)2009 年 7 月期间，股价的上涨速度比较慢，整体上涨形态为震荡爬升，这种上涨形态很难形成 A 字顶。

经过一段时间的缓慢上涨后，在成交量放大的推动下，大实体的阳线随之出现，短线大涨两天后，股价随之回落并且连续下跌，上涨的速度较快，但见顶后下跌的速度也同样较快，这使得 K 线图中留下了一个尖尖的顶部。这种走势就是 A 字顶的基本形态。

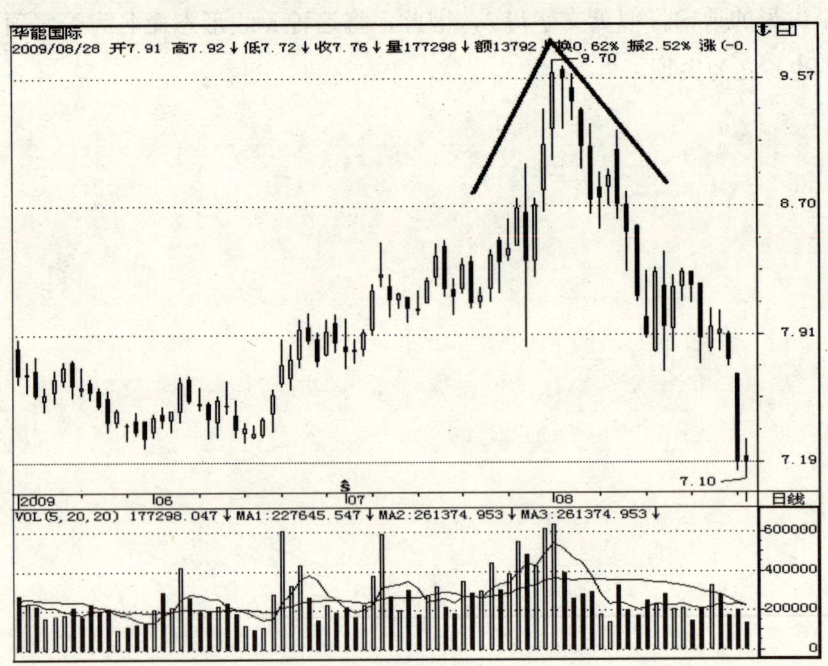

图 2-16

友利控股(000584)

2009年8月初走势图(图2-17)。

友利控股(000584)2009年8月初期，成交量出现连续放大，同时，股价也随之大幅上涨，对于这种快速上涨的个股，投资者需要留意两种顶部形态。

一种是强势上涨后股价强势横盘震荡，主力资金借横盘震荡完成出货操作。这种走势说明主力资金持仓量较大，如果没有足够的时间无法顺利进行出货。

另一种走势就是股价强势上涨后，又快速回落，由于主力资金持股数量较少，不需要用太长的时间便可以完成出货。

股价上涨到了顶部后，形成了快速回落的走势，此时，投资者就要意识到，顶部的形态将会是A字形的，未来下跌的速度将会较快，因此，只要股价处于高价区间，就应当及时离场回避风险。

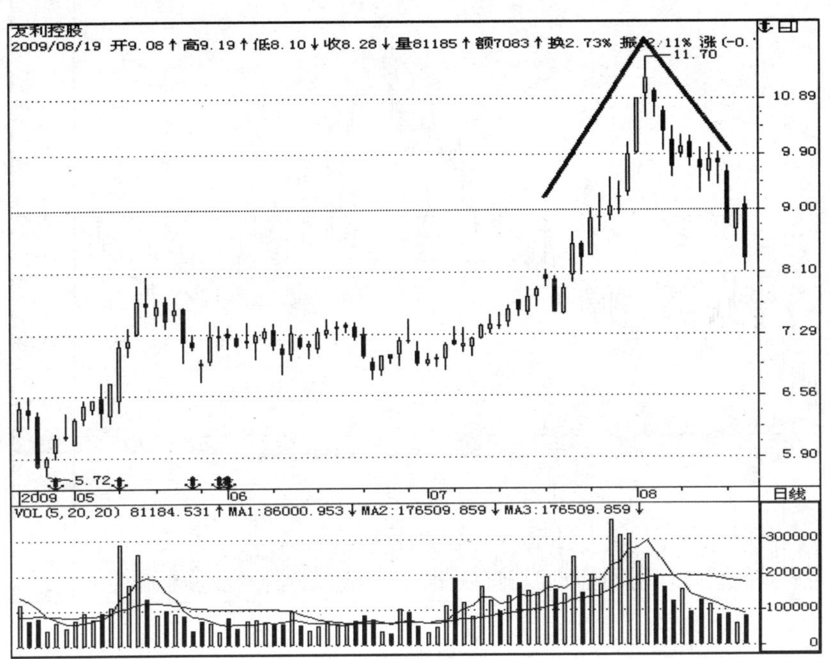

图2-17

马钢股份(600808)

2009年8月走势图(图2-18)。

马钢股份(600808)2009年8月经过了一段时间的震荡上涨以后，股价末期上涨时的速度明显加快。上涨与下跌往往是对等的，涨的速度快，多方力量消耗得也快，而空方此时力量累积的速度也快，一旦多方无力再度上攻，空方便会以同样的方式展开反攻。

股价上涨到高点以后，便出现了快速回落的走势，下跌过程中没有任何犹豫的走势，这就是A字顶最大的风险所在，如果投资者不及时离场，资金亏损的速度将会是非常快的。因此，面对股价快速上涨时，不能只顾着高兴，还应当多一些风险意识，不断地修正止盈位，一旦股价破位必须按纪律离场，只有这样做，才可以逃过A字顶快速下跌引发的风险。

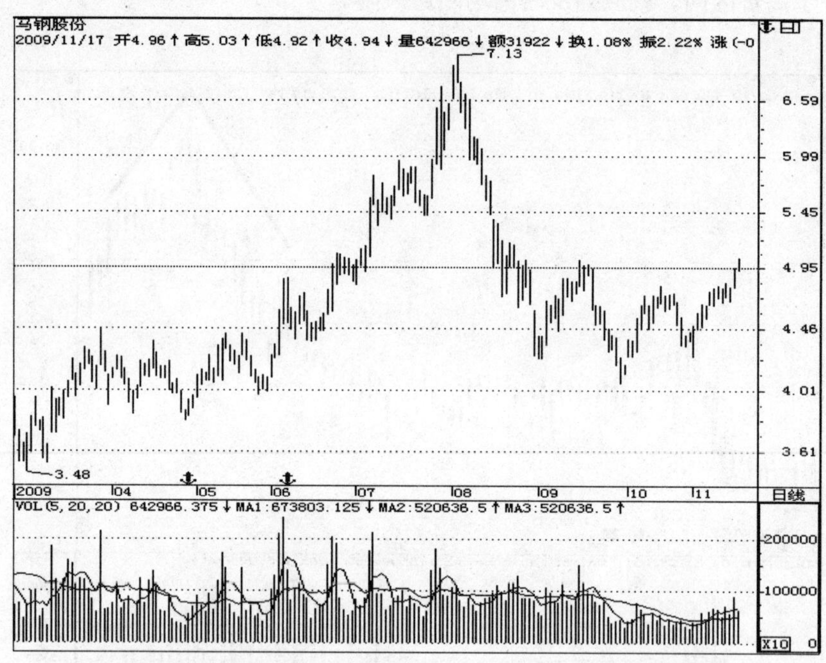

图2-18

唐钢股份(000709)

2009年8月走势图(图2-19)。

唐钢股份(000709)2009年8月股价形成的顶部形态同样为A字顶，该案例较为特殊，前几个案例在见顶之前，股价均出现了加速上涨的走势，但是唐钢股份的股价在见顶前并没有大幅上涨，依然保持着震荡上涨的走势。为何这种相对缓慢的上涨也会形成A字顶呢？

股价在震荡上涨以后，一旦出现加速迹象时，比较容易形成A字顶。如果上涨的速度并不快，但整体涨幅却非常大，同样容易形成A字顶，涨幅过大意味着未来下跌的空间也会比较大，因此，A字顶也就有了形成的条件。

所以，在判断股价是否有可能形成A字顶时，近期是否出现加速上涨是一个因素，而股价整体涨幅的大小也是必须要注重的因素。

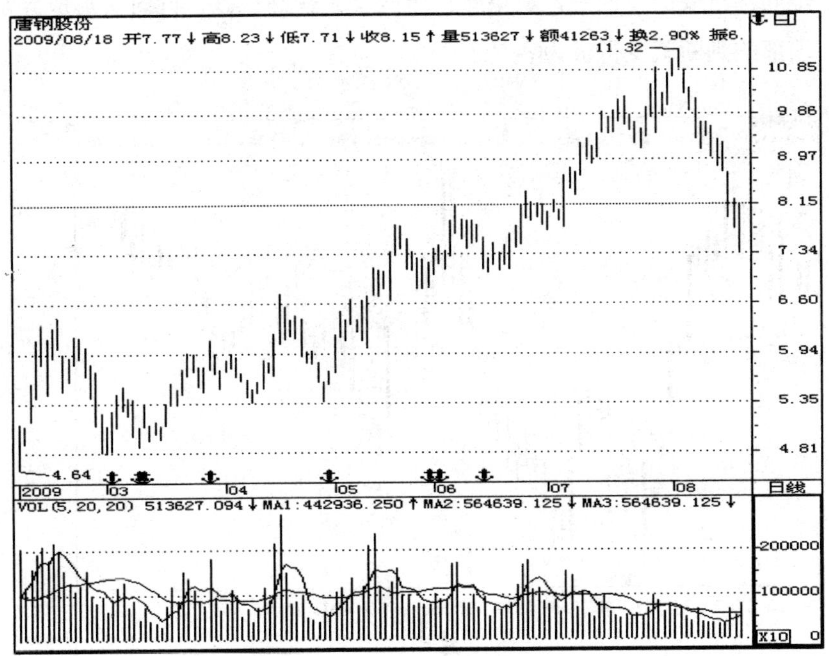

图2-19

浙大网新(600797)

浙大网新(600797)2009 年 9 月在形成小型 W 底以后，股价便出现持续性的上涨走势(图 2-20)。在上涨过程中，只要日 K 线图中没有出现阴线，便可持有。

上涨末期出现了二三天的加速现象，上涨速度变快虽然是好事，但应提防股价上涨尽头后的快速下跌。最后一根大阳线出现后，股价连续回落，下跌速度与上涨速度基本一致。K 线也形成了尖顶状态，A 字顶形态非常标准。

对于 A 字顶来说，通过成交量的变化很容易进行判断。因为 A 字顶的尖端区间，成交量往往会创下近期的最大量，对于这种量能，将其称为异常放量。高位见到异常放量，投资者最好适当减仓，而一旦股价再有明确下跌迹象时，则应及时清仓离场。当然，有的 A 字形顶部会出现放量现象，而有的 A 字顶还是无量的，因此，结合量能进行分析只能解决部分问题，K 线的形态也是同样重要的。但是，如果一只个股又是快速下跌，同时又形成异常巨量，顶部的判断就变得极为容易了。

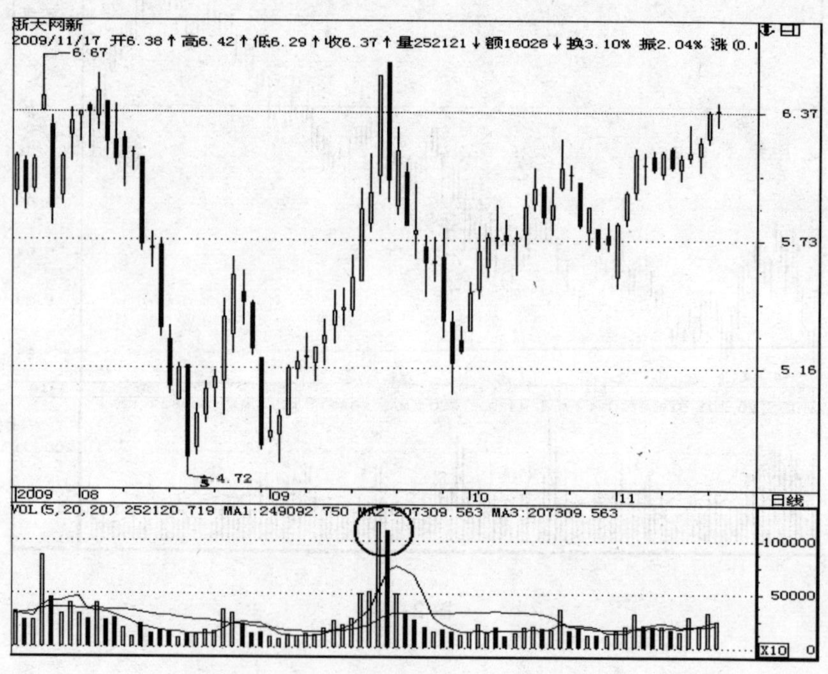

图 2-20

第五节　多重底

多重底其实是W底的一种变形，通过之前的讲解大家已经得知，W底有两个低点，而多重底则不同，它有三个或更多个低点。因为低点数量较多，因此称之为多重底。

多重底的低点同样要求在基本相近的区间内，可能有的低点高一些，有的低点低一些，但是，其低点间的幅度不能相差太多。

多重底判断起来较W底困难一些，因为股价经常出现涨上去又跌回来的走势，在这一区间，并没有明确的涨跌区间，所以，会增加分析的难度。但是，由于底部经过了多次验证，所以，一旦突破颈线，未来上涨的可靠性会更高。

多重底的颈线较W复杂，W底的颈位是小高峰的高点直接画出的一条直线。而多重底的颈线是将产生的多个小高峰的高点进行连线，以突破颈线为形态完全确立的标志。

三木集团(000632)

2009 年 8 月至 10 月走势图(图 2-21)。

三木集团(000632)2009 年 8 月至 10 月期间，在经过了短线大幅下跌以后，股价在低点处上涨震荡，留下了三个低点以及两个小高峰，由于回落的低点基本上在同一区间，因此，这种底部形态称之为多重底。

当股价形成多重底但并未突破颈线的时候，是高抛低吸的好时机。股价回落到前期低点附近时，可以考虑用适当的仓位买进股票，而当股价上涨至前一个小高峰高点区间时，可以考虑卖出股票。当然，如果股价向下产生破位，则应当止损。如果突破前一个小高峰则可以继续持有。当股价明确突破颈线时，则需要耐心持有。

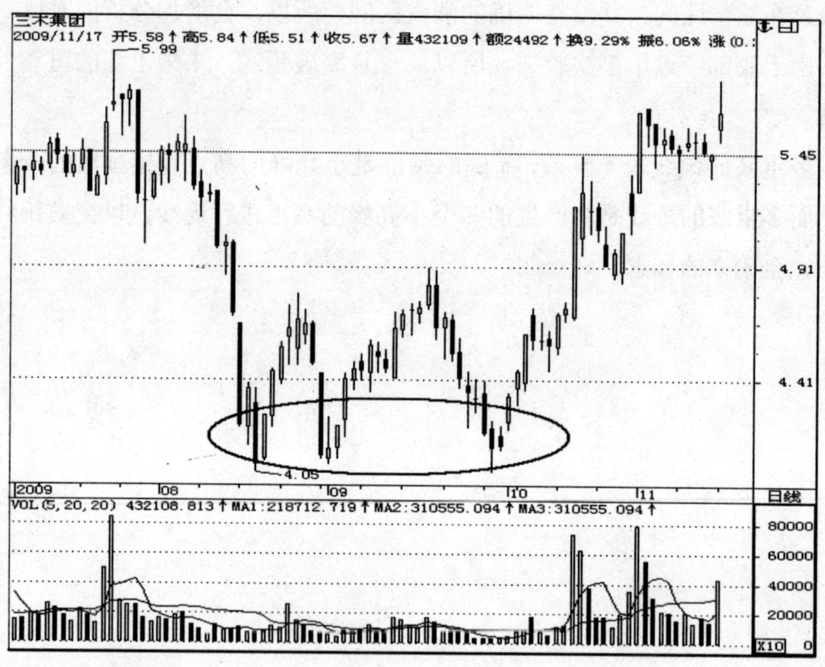

图 2-21

ST 安彩(600207)

2009 年 8 月至 10 月走势图(图 2-22)。

ST 安彩(600207)2009 年 8 月至 10 月股价下跌以后，在低点区间反复上下震荡，形成了两个小高峰和三个低点的形态，由于这种形态出现在股价下跌之后，因此，将其称之为多重底。

多重底至少有三个低点，标准形成是三个低点基本水平。但是，ST 安彩的三个低点却依然小幅降低，这样的多重底形态多头力度相对小一些。同时，由于低点略有破位，在实战操作时，介入点的选择也会困难一些，因为在股价小幅破位时，并不能得知是否还会继续下跌，只有未来出现上涨行情时，才能明确这是底部。

如果市场中有标准的多重底或是强势多重底，这种低点降低的多重底投资者是不应当考虑介入的。

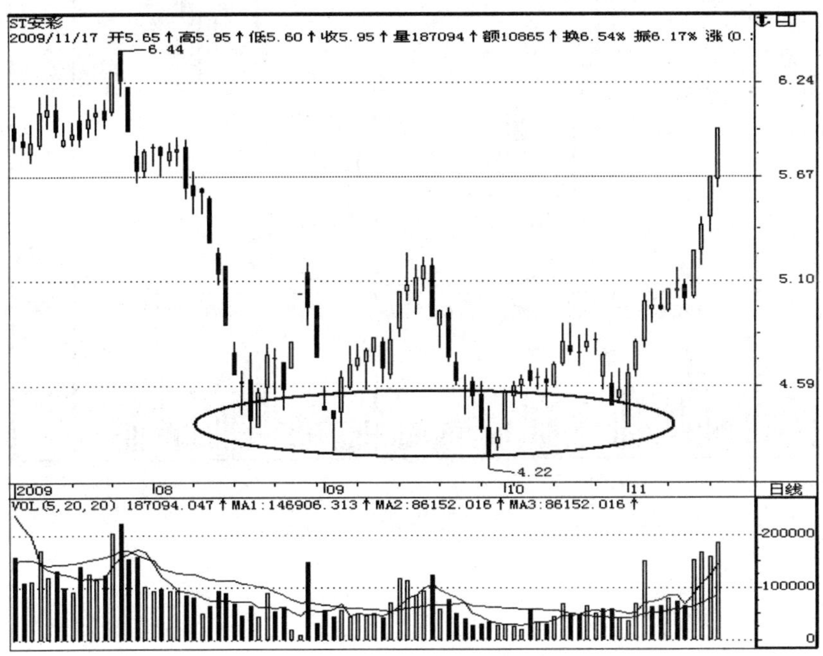

图 2-22

京能置业(600791)

2009 年 8 月至 10 月走势图(图 2-23)。

京能置业(600791)2009 年 8 月至 10 月股价于低点区间形成了反复上下震荡的走势，两个小高峰、三个回落低点形成了标准的多重底形态。

京能置业的多重底属于是强势形态的多重底，因为三个低点依次抬高，并且两个小高峰的高点也呈现抬高迹象，这说明盘中的多头力度较大。这种类型的多重底是投资者操作的首选对象，而且这类个股操作的安全性也比较高，属于上上之选。

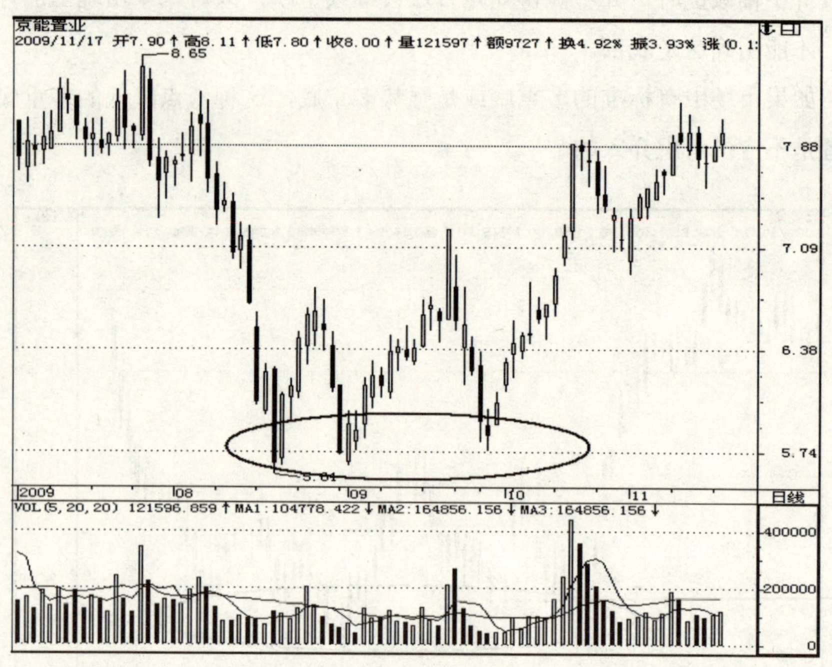

图 2-23

罗平锌电(002114)

罗平锌电(002114)2009年8月至10月期间（图2-24），由于三个低点均在同一区间，因此，股价的波动构成了多重底的形态，但是，该股的走势却较上几个案例略有不同。首先，是第二个低点出现了小幅破位，而其余两个低点基本在同一位置上。这符合多重底的特征，因为多重底意味着股价有多个底部，也许这个低点会高一些，那个低点会低一些，这都无所谓，重要的是这些低点基本在同一区间。低点的数量越多，这种现象就越容易出现。其次，第二个小高峰股价的涨幅较大。多重底除了可以提示底部所在以外，还可以用来指导高抛低吸的操作，理论上来讲，两个小高峰的高度基本一致，但由于底部是资金介入的区间，因此，某一个小高峰的涨幅较大也是正常的现象。其实，小高峰的涨幅大，说明多方力度强，反而是好的现象。

投资者应始终牢记，底部是资金介入的区间，跟随主力资金一起买进股票，自然获利的概率就会提高。

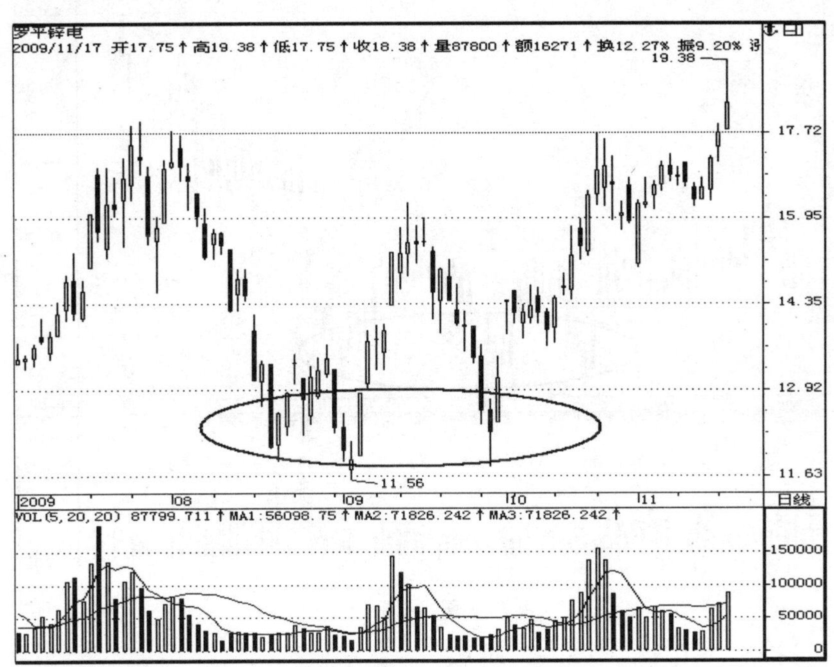

图2-24

一汽富维(600742)

2009年8月至10月走势图(图2-25)。

一汽富维(600742)2009年8月至10月股价形成了标准的多重底走势。三个低点基本在同一水平线上，同时，两个小高峰的涨幅也基本一致。而股价突破了两个小高峰高点连续的颈线位后，宣告了多重底形成的明确成立。

如果不看第三个低点的话，股价的波动很有W底的迹象，只是多重底比W底又多出了一个低点而已，但其底部的性质却没有太大变化。

站在形态角度来看，最合适的买点就是在股价收出一根大阳线突破颈线位的时候。在多重底形成过程中进行高抛低吸虽然可以实现一些盈利，但均属于短线小幅度的获利。真正的大幅盈利多会出现在股价突破颈线的时候。这也就意味着，多重底颈线的突破成为了投资者最后的绝佳买入时机。

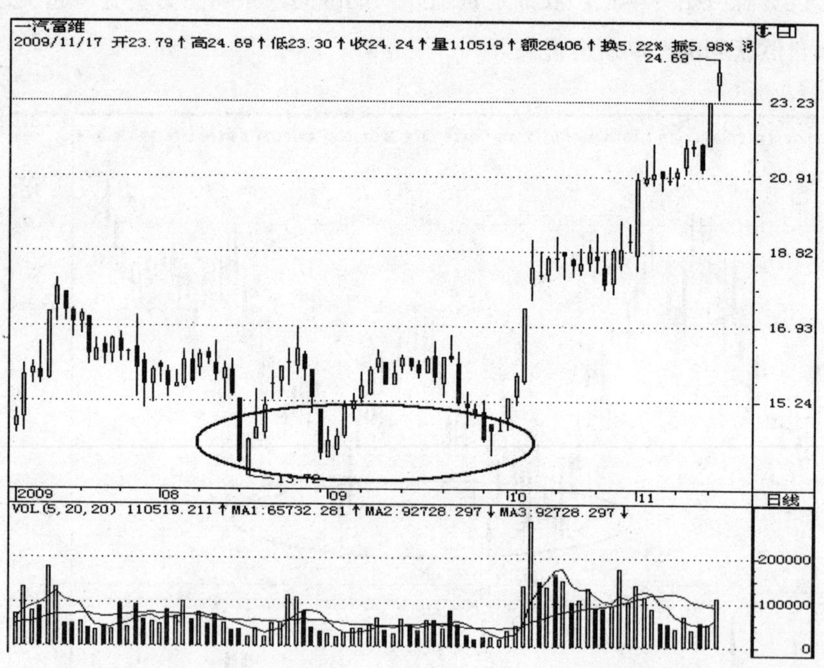

图2-25

第六节　多重顶

多重顶也是一种股价上涨到高位后常见的顶部形态，这种顶部形态比较容易影响投资者的判断，因为股价在顶部区间虽然未上涨，但却始终无法下跌，会造成一种中途调整的假象，因此，增加了分析的难度。

多重顶的技术要点为：股价在顶部区间上下震荡，高点基本上在同一水平处，某一个高点略高，或是略低一些都是正常的。多重顶的颈线是震荡过程中低谷的连线，形态以股价跌破颈线为确立的标志。一旦股价跌破颈线，投资者必须要离场。

东方宾馆(000524)

2009年6月至8月走势图(图2-26)。

东方宾馆(000524)2009年6月至8月经过连续上涨后，在高位形成了持续的震荡形态。在该区间，股价的波动形成了两个低谷与三个高点，高点基本上在同一水平位，因此，把这种形态称之为多重顶。

股价在构筑多重顶的时候，虽然会有短线涨跌走势出现，但投资者却不能在此区间进行高抛低吸的操作，顶部是资金持续出货的区间，正确的操作只能是不断地逢高减仓。

最后一次高点形成以后，股价出现了下跌，并且明确跌破颈线位，这宣告了形态的最终成立。跌破颈线位后，股价小幅反弹，受到颈线压力后再度回落，这种走势称之为回抽颈线，其目的是为了巩固颈线位的压力。因此，颈线位也可以视为最后的卖点。

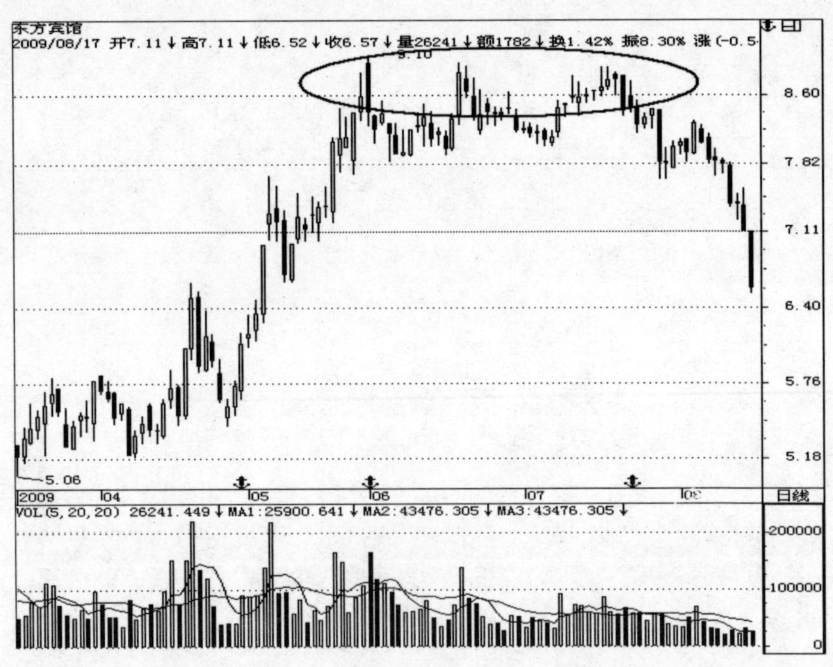

图2-26

太原重工(600169)

2009 年 4 月至 6 月走势图(图 2-27)。

太原重工(600169)2009 年 4 月至 6 月，股价在高点形成连续震荡形态，两个低谷与三个高点确立了多重顶的形态。

从图中走势来看，三个高点虽基本在同一区间，但是后一个高点均比前一个高点高一些，相对于空方而言，这是一种弱化的多重顶。这种顶部其实较容易给投资者造成干扰，说它是顶部，但新高却不断出现，说它不是顶部，却又不能明确地连续上涨。在实战操作时，如果不能明确判断，创新高后是否还会继续上涨，是可以允许继续持有的，而一旦股价再度回归到顶部区间内时，则应适当减仓，出现跌破颈线走势时，必须空仓。

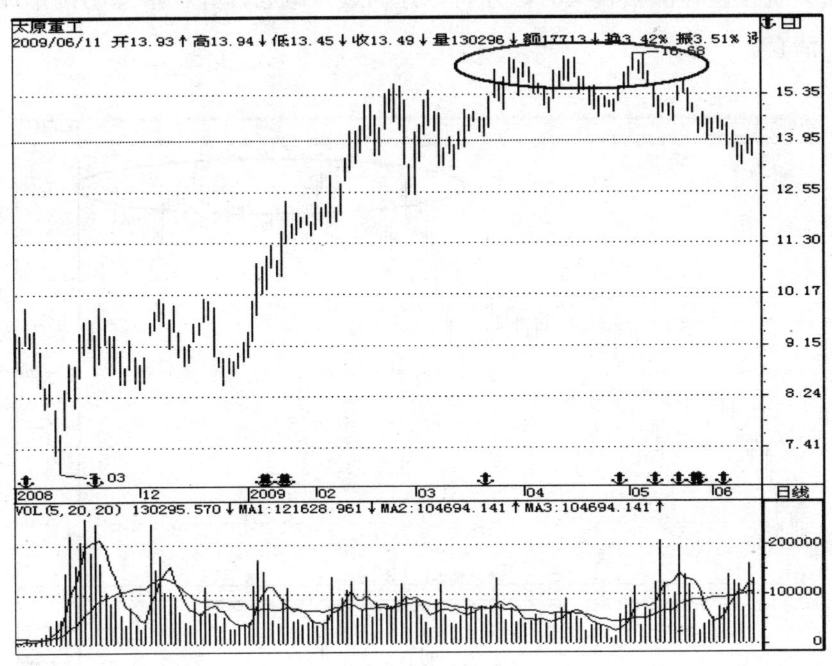

图 2-27

南纺股份(600250)

2009 年 5 月至 8 月走势图(图 2-28)。

南纺股份(600250)2009 年 5 月至 8 月构筑的多重顶时间比较长，周期越长的多重顶，未来股价下跌的概率也将会是比较大的。其实无论是什么形态，形成的周期越长，其可靠性也就越大。

前两个顶部的高点基本在同一水平位，但是第三个低点却明显降低，这种走势是多重顶形态中较为常见的，它反映了股价进入顶部以后的弱势特征，这种低点降低的多重顶是最容易导致未来股价下跌的。

在实战操作时，股价进入到高位区间后，如果当前的上涨无法明确突破前高点，则应考虑减仓。如果股价整体涨幅并不大，这种方式就不适用了，只有在整体涨幅较大时，才可以逢高逐步减仓，并在形态明确形成时完全清仓。

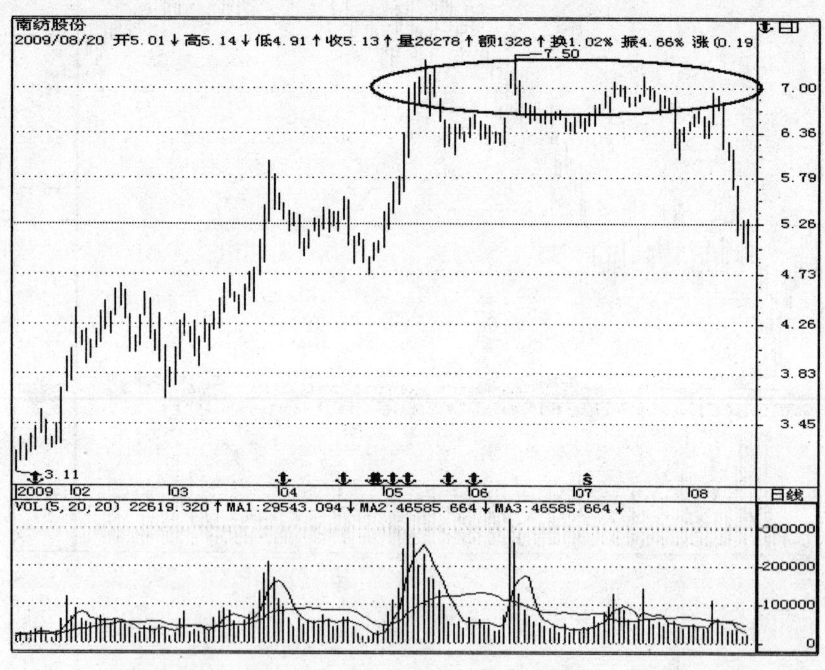

图 2-28

深赛格(000058)

2009年6月至8月走势图(图2-29)。

深赛格(000058)2009年6月至8月在经过了大幅上涨以后，股价形成了较长周期的震荡行情，在本案例中，个股形成了四个小高点，这也是正常的多重顶形成。

之所以称之为多重顶，就是因为股价在高点区间会构筑不少于三个小高点，其实高点越多，越说明多方的无力，屡次冲击前高点却屡次不过，只能说明空方还击的力度也较大。同时，这种走势也恰说明了资金前期持仓量的巨大，因此，到了顶部后，需要足够长的时间才可以将股票完全兑现。

在多重顶中，每一个小高点都是一次卖出的机会，而在股价明确跌破颈线或是跌破颈线后反抽颈线压力时，均视为最终的离场机会，错过这个机会，资金将很容易产生大幅度的亏损。

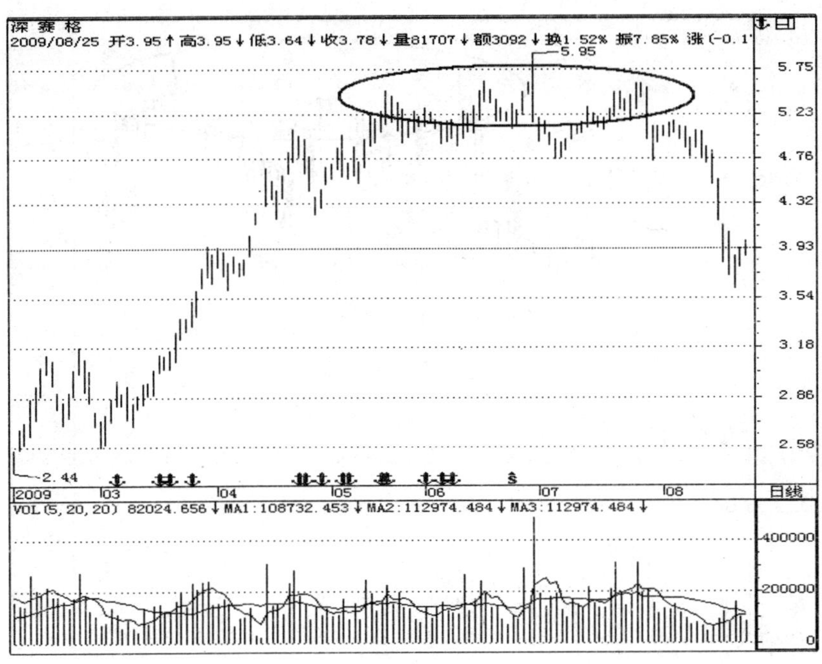

图 2-29

三佳科技(600520)

2009 年 8 月至 9 月走势图(图 2-30)。

三佳科技(600520)2009 年 8 月至 9 月经过连续上涨以后，于高点区间形成了多重顶的形态，三个小高点虽然位置各不相同，但基本上均在同一水平处，因此，完全符合多重顶的技术特点。

在对多重顶进行分析的时候，除了要对 K 线进行研究以外，成交量的变化也是不能忽视的。多重顶意味着主力资金在连续地进行出货，而随着主力资金库存股票的减少，成交量也必然会连续萎缩。因此，对于多重顶而言，成交量将会是持续萎缩的，后面高点对应的成交量将会比前一个高点要小，这反映了资金此时做多意愿的降低。

对成交量高度配合的多重顶，投资者进行操作是非常容易的，形成了新的高点便成交量却出现萎缩，此时就需要进行卖出。

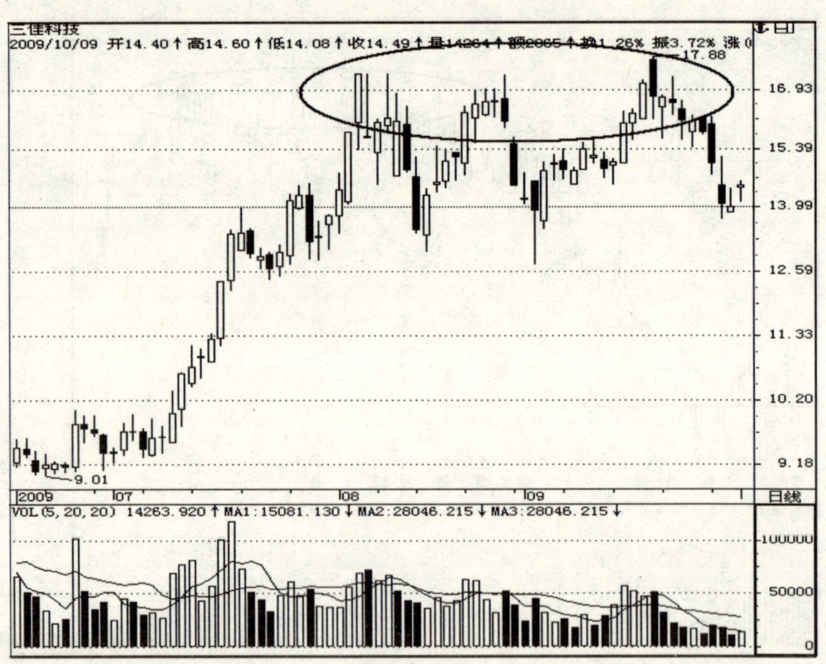

图 2-30

第三章

均线战法

移动均线是一款经典的分析工具，也是投资者使用得最多的一种分析方法，它可以简化股价杂乱的波动形态，为投资者提示比较顺畅的趋势变化，可以大大减轻分析的压力。利用各种均线之间的关系，可以总结出许多适合于短线或是中长线的操作方法。无论是新股民还是经验多一些的老股民，对于均线的各种使用方法都需要熟练掌握。

移动均线根据操作周期的不同，所选取的参数也各不相同，在本章内容中，为大家讲解的移动均线的参数为:5 日移动均线、10 日移动均线与 20 日移动均线。其他周期的均线操作思路均与这三条均线一致。

第一节　移动均线的作用

移动均线对于投资者而言，可以起到许多帮助性的作用，利用这些特点便可以用于实战操作。投资者可以根据个股操作周期的不同，选择符合操作周期的移动均线，切不可进行短线操作而使用周期较长的均线，或进行中长线操作使用周期较短的均线。

移动均线的常见几大作用为：

(1)追踪趋势；

(2)反应市场持仓成本；

(3)支撑作用；

(4)压力作用。

使用移动均线进行分析，首先要了解它可以发挥哪些作用，只有这样，才可以更好地利用移动均线的优点指导操作。

飞乐音响(600651)

2009 年 11 月走势图(图 3-1)。

飞乐音响(600651)2009 年 11 月期间，股价形成了连续上涨的走势，K 线形态中大阳线与小阴小阳线交错出现，上涨力度时大时小，但是，各条移动均线却保持着单一的角度不断上行，紧紧地追踪着股价的上升趋势。

由于 5 日移动均线周期较短，因此，它对趋势追踪的效果更好，是进行短线操作的首选。而 10 日移动均线与 20 日移动均线由于周期相对较长，因此，对中线趋势的追踪效果较好，是进行中长线操作的首选。

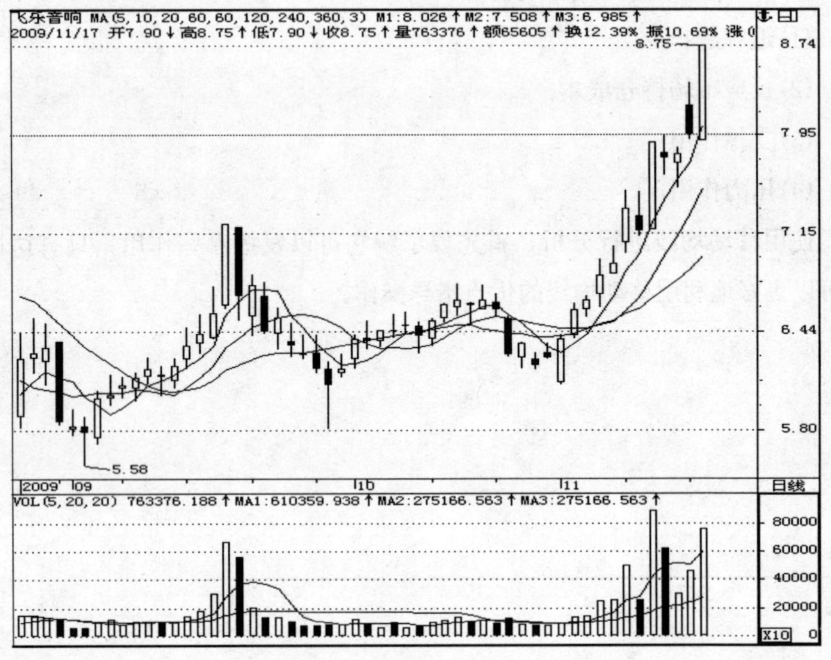

图 3-1

安泰集团(600408)

2009年8月走势图(图3-2)。

安泰集团(600408)2009年8月期间，股价形成连续下跌的走势，从图中来看，各条均线此时也形成了连续下行的走势。下跌过程中出现了二次反弹的走势，第一次由于反弹幅度较小，仅是5日均线形成短时间拐头向上的走势，则10日移动均线与20日移动均线依然保持着下行趋势，提示投资者股价中长期的大趋势。

在股价第二次反弹出现，由于上涨周期相对长一些，因此，5日移动均线与10日移动均线形成了上升的趋势，但是反映中长线趋势的20日移动均线却依然保持着下降趋势。

各条均线各负其责，准确地向投资者提示了不同周期股价趋势的变化，如果进行短线操作，使用短周期均线容易把握趋势变化带来的盈利机会，如果进行中长线操作，则当顺应20日移动均线的下降趋势继续做空。

图3-2

东湖高新(600133)

2009 年 6 月走势图(图 3-3)。

东湖高新(600133)2009 年 6 月之前，股价形成了连续上涨的走势，在上涨过程中，三条不同周期的移动均线紧紧地追踪着股价的趋势，通过各条均线的变化，投资者可以很容易把握住不同周期的趋势变化，只有明白趋势的方向才可以制定出正确的操作策略。

经过一番上涨，股价于高位形成了窄幅震荡的走势，在此区间，股价的波动重心保持水平状态，而此时，三条均线也形成了水平式的波动形态，不管股价是涨是跌，移动均线均可以及时并准确地追踪股价的波动趋势。追踪趋势是移动均线最主要的作用之一。

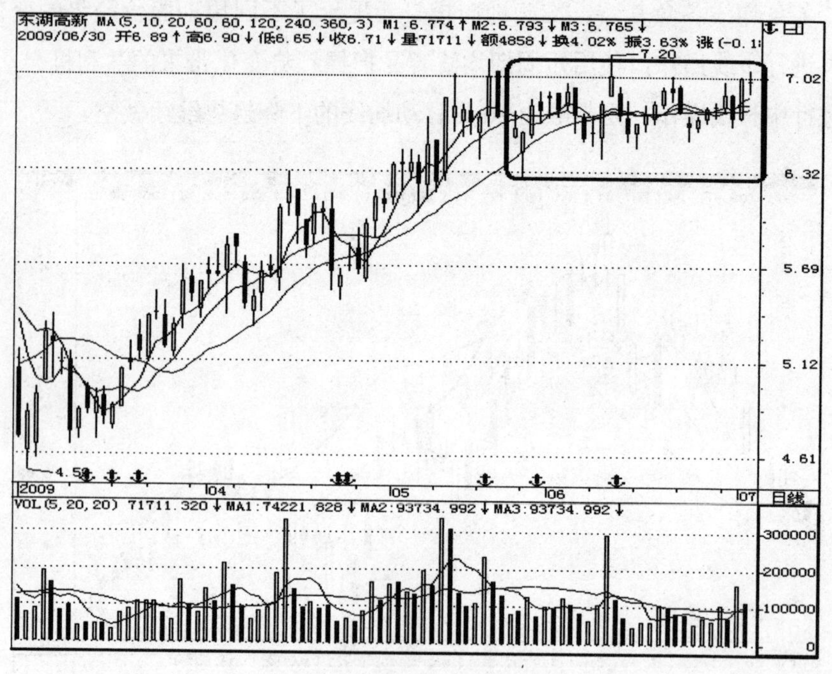

图 3-3

桂东电力(600310)

桂东电力(600310)2009年8月至11月股价形成了一波下跌与上涨的大波动形态(图3-4)，在此区间，移动均线准确地向投资者提示了趋势的变化状态。

由于移动均线的计算选取的是收盘价，从某方面来说，收盘价可以反映当天投资者的最高成本(阳线)与最低成本(阴线)，因此，它还具有反映市场资金平均持仓成本的作用。从图中走势看，在股价下跌的过程中，K线位于各条均线的下方，这说明不管是5日、10日还是20日买入的投资者均产生了不同程度的亏损。并且随着股价的连续下跌，市场的整体持仓成本也在不断下降。而在股价上涨时，5日、10日以及20日买入的投资者均实现了盈利，并且随着股价的上涨，投资者的平均持仓价位在不断上升。

了解市场中资金的平均持仓成本是一件非常重要的分析工作，就像做生意一样，你不知道对手的成本，如何战胜他们？知道了对手的持仓成本，在对自己有利、对对手无利的情况下介入，实现盈利的概率也就会增大。

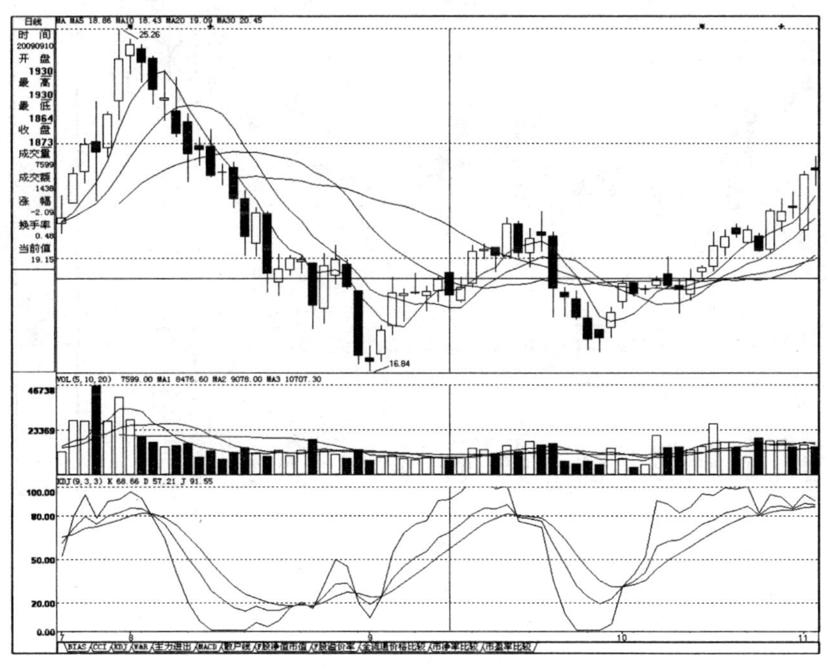

图 3-4

赣粤高速(600269)

2009年11月走势图(图3-5)。

赣粤高速(600269)2009年11月股价形成低点抬高W底后，出现了一轮短线上涨的行情，在股价上涨的时候，三条均线都形成了上升趋势，这说明此时无论是短期还是中长期趋势都是向上的，投资者可以积极地进行做多操作。

在上涨过程中，股价出现了盘中调整的走势，低点回落至5日移动均线处时便停止下跌并转为上升走势，这种股价下跌触及5日移动均线便回落的现象，称之为5日移动均线的支撑作用。

在5日移动均线发挥支撑作用的时候，意味着股价短周期内还将会有进一步的上涨，因此，完全可以在此时入场进行短线操作。

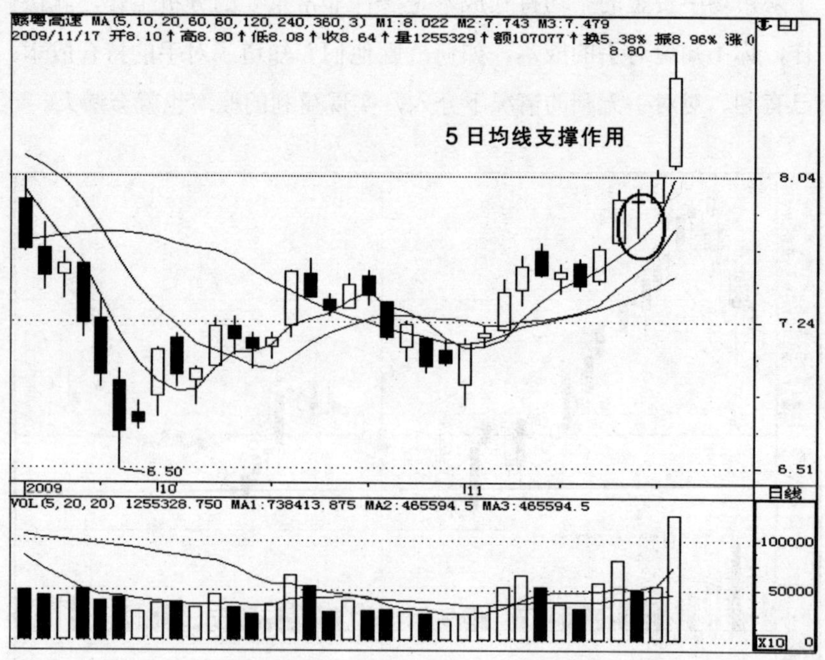

图3-5

海得控制(002184)

2009年11月走势图(图3-6)。

海得控制(002184)2009年11月期间，虽然5日移动均线与10日移动均线上下波动，但是20日移动均线均形成了明显的上升趋势，并未受到股价短线调整的干扰，在此情况下，投资者应当意识到：中长线趋势继续向上，回落只是短线行为。

11月中旬股价又一次出现调整走势，股价回落至10日移动均线处时，便停止下跌，这种现象是10日移动均线的支撑。因为10日移动均线周期略长，因此，它可以反映中期的趋势，而在支撑发挥作用的时候，投资者则可以进行中线的逢低买入操作。

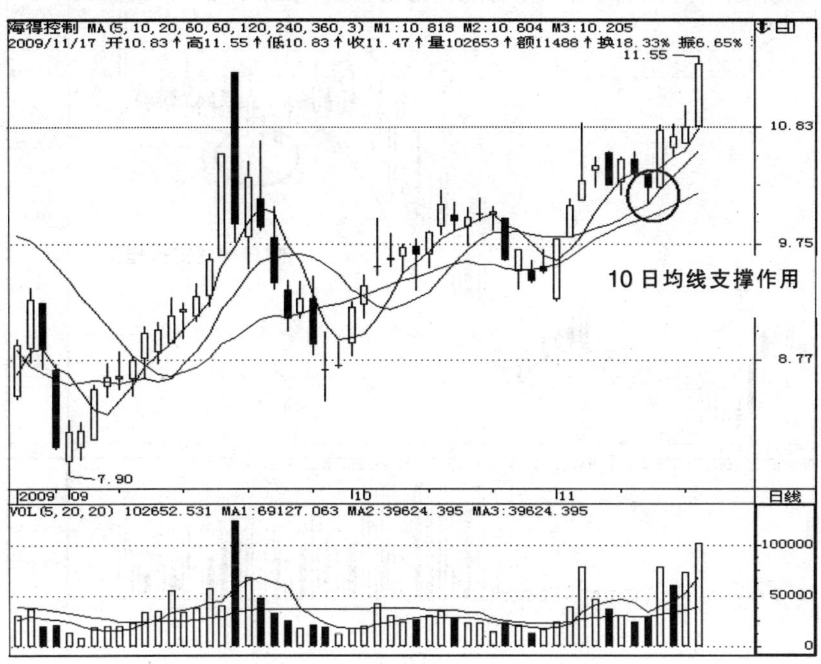

图 3-6

江钻股份(000852)

2009 年 11 月走势图(图 3-7)。

江钻股份(000852)2009 年 11 月股价经过连续上涨以后，在中途形成了窄幅横盘震荡的走势，由于股价短周期方向未明，因此 5 日移动均线与 10 日移动均线形成了横盘波动。但是，反映较长周期的 20 日移动均线依然保持着上升趋势，这说明股价大的上涨行情并未结束。

在横盘震荡区间出现了一次短线调整，股价回落的低点恰位于 20 日移动均线处便止跌回落，这种现象是 20 日移动均线的支撑。一旦 20 日移动均线发挥支撑作用，便构成了一次中长线逢低建仓的好时机。

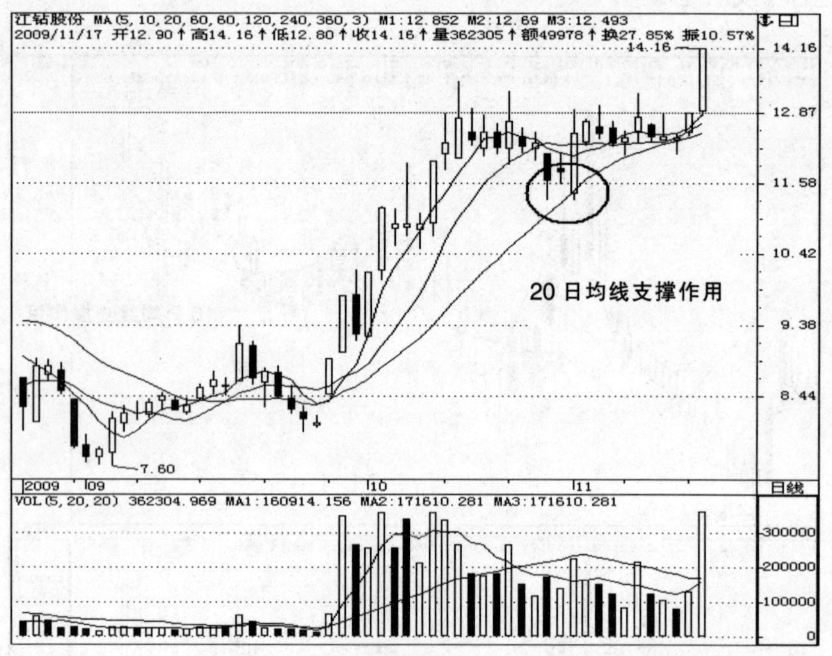

图 3-7

经纬纺机(000666)

2009年8月走势图(图3-8)。

经纬纺机(000666)2009年8月股价见顶出现了一轮短线大幅下跌的走势，各条均线此时也都结束了原来的上升趋势转为下跌，紧紧追踪股价的波动趋势。投资者要切记，在各条均线均保持下行状态的时候，万不可轻易做多。

股价在下跌的时候，出现了盘中小幅反弹的走势，反弹的高点触及到5日移动均线的时候便停止上升转为回落，这种现象称之为5日移动均线的压力。由于5日移动均线周期较短，因此产生的压力也往往是一种短线压力，容易促使股价形成短线下跌，因此，对于进行短线操作的投资者来讲，这是一个短线卖点或止损点。

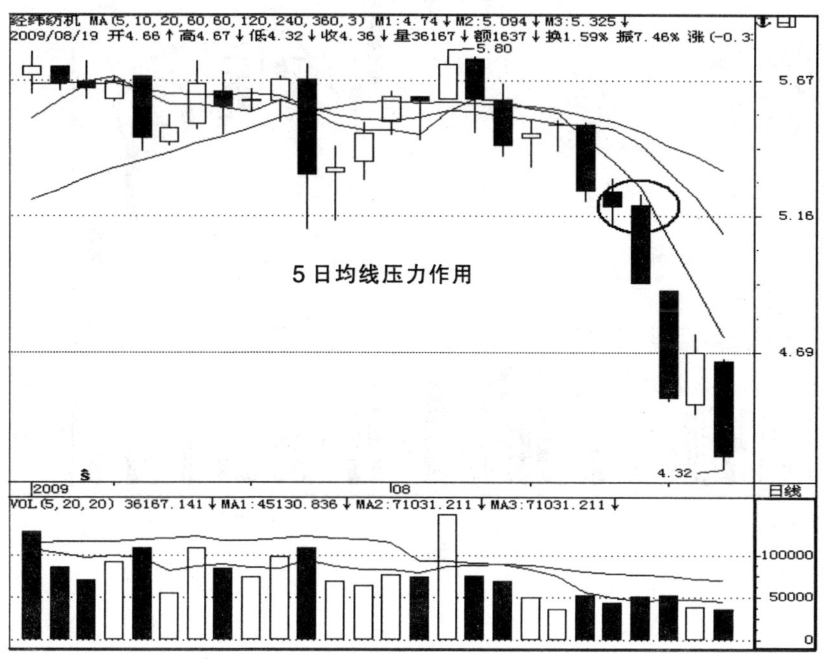

图3-8

亿城股份(000616)

2009年8月走势图(图3-9)。

亿城股份(000616)2009年8月在下跌的过程中，短线反弹不断出现，但是，一次次的反弹并未改变各条均线的下降趋势，这就要求着投资者必须要以做空为主。

在股价反弹的时候，高点触及10日移动均线时便停止上涨随之回落，这种现象称之为10日移动均线的压力。10日移动均线反映的是股价波动的中期趋势，因此，压力点对应的便是中线操作的卖点或是止损点。

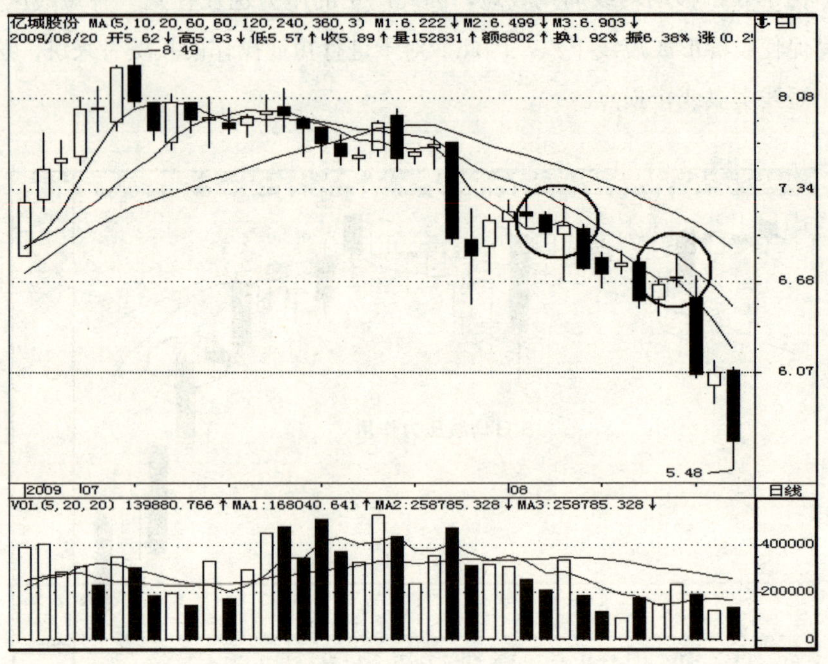

图3–9

钱江水利(600283)

2009年8月走势图(图3-10)。

钱江水利(600283)2009年8月股价形成顶部以后开始了下跌的走势，短线经过一段时间的下跌产生了较大幅度的反弹，受到股价上涨的带动影响，5日移动均线与10日移动均线均改变了下降趋势转为上行，这意味着短线操作机会的到来。

但是，股价反弹的高点触及20日移动均线时便出现了回落，20日移动均线对股价的上涨起到了强大的压力作用。而且20日移动均线也并没有因为股价上涨改变下降趋势，这是在向投资者提示：股价的长期趋势并未改变，投资者还不适合进行中长线的做多操作。

在股价下跌过程中，各条均线的压力现象会交替出现，一旦股价受到压力，将会在后期继续下跌，直到均线改变下降趋势，压力现象的出现对于做多的投资者来说，也是一次出局的机会。

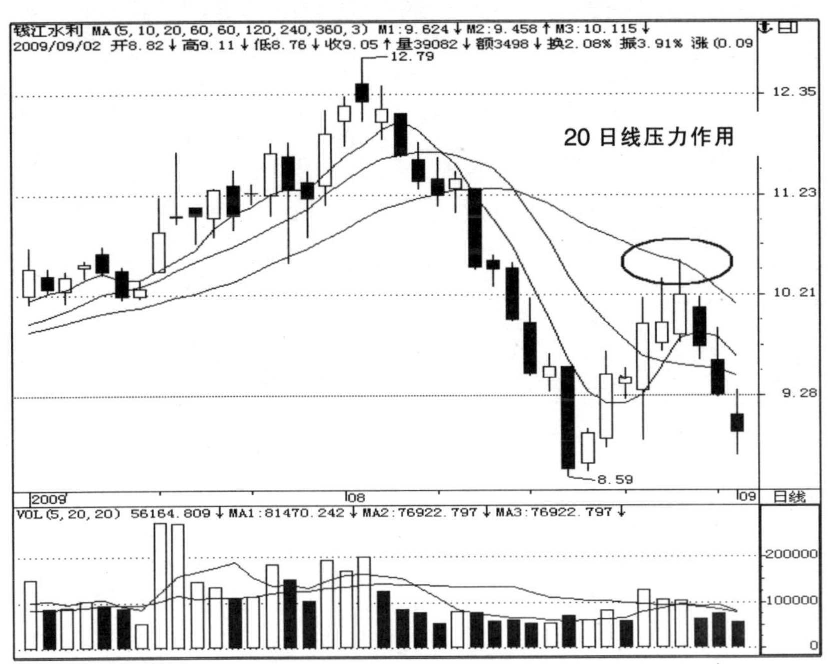

图3-10

第二节 移动均线三种金叉买点

利用移动均线的金叉来指导买入，是许多投资者常使用的一种分析方法。所谓金叉是指：短周期移动均线向上穿越长周期移动均线，比如，5日移动均线向上穿越10日移动均线，就称之为5日移动均线与10日移动均线的金叉；同时，5日移动均线还可以上穿20日移动均线，或是10日移动均线上穿20日移动均线。金叉的出现只能是短周期均线上穿长周期均线。

正常情况下，股价所处的位置越低，形成金叉以后股价上涨的概率也就越大。在实战操作过程中，投资者应当多多留意那些低位区间形成的金叉买点信号。

华帝股份(002035)

2009 年 10 月走势图(图 3-11)。

华帝股份(002035)2009 年 10 月，股价下跌到低点区间后，由于空方动力已不足，股价的波动低点开始有抬高迹象，这促使 20 日移动均线形成了明确的上升趋势，长周期均线上升趋势的确往往是股价将会产生连续上涨的信号。

经过又一次调整以后，5 日移动均线向上穿越了 10 日移动均线，均线的这种形态说明股价短线波动的强势特征已经体现，这将是涨跌的转折点，因此，投资者在此时可以以适当仓位买进股票。

从股价整体所处的位置来看，金叉出现时期基本上属于中低位。股价处于低位为金叉的出现提供了安全的保障。

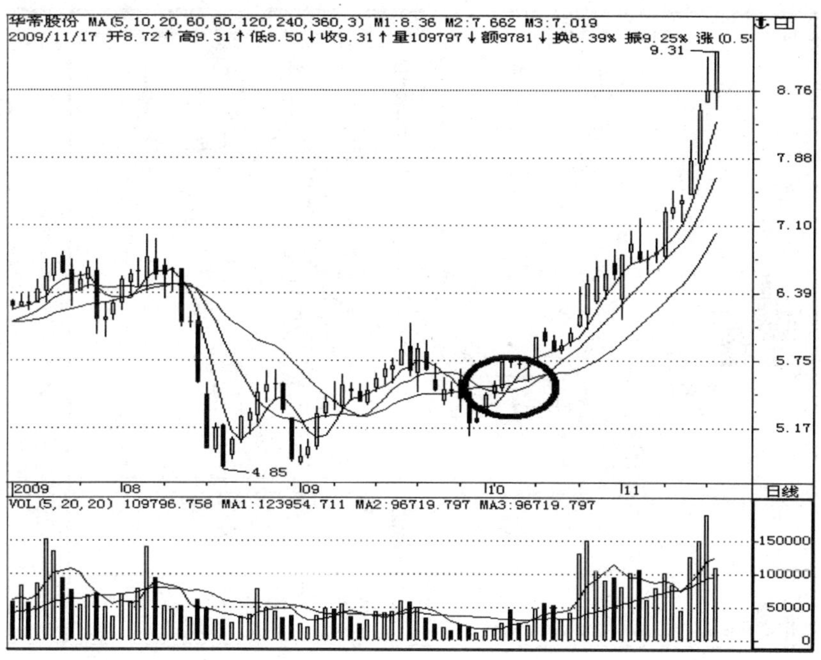

图 3-11

成城股份(600247)

2009 年 10 月走势图(图 3-12)。

成城股份(600247)2009 年 10 月，股价在下跌的过程中，5 日移动均线与 10 日移动均线保持着空头排列的走势，在下降趋势没有结束迹象时，投资者不能轻举妄动，逆势而为很容易使资金产生亏损。

经过一段时间下跌后，阳线开始连续出现，这使得 5 日移动均线率先形成了拐头向上的走势，并且在后期向上穿越了 10 日移动均线，金叉现象的形成，说明了股价短线趋势已强于中期趋势，这种现象往往是一个转折点。

金叉买点信号出现以后，股价在后期形成了一轮短线暴涨的走势。位置较低本身使得股价具有一定安全性，再加上金叉现象的出现更是肯定了趋势反转的可能。

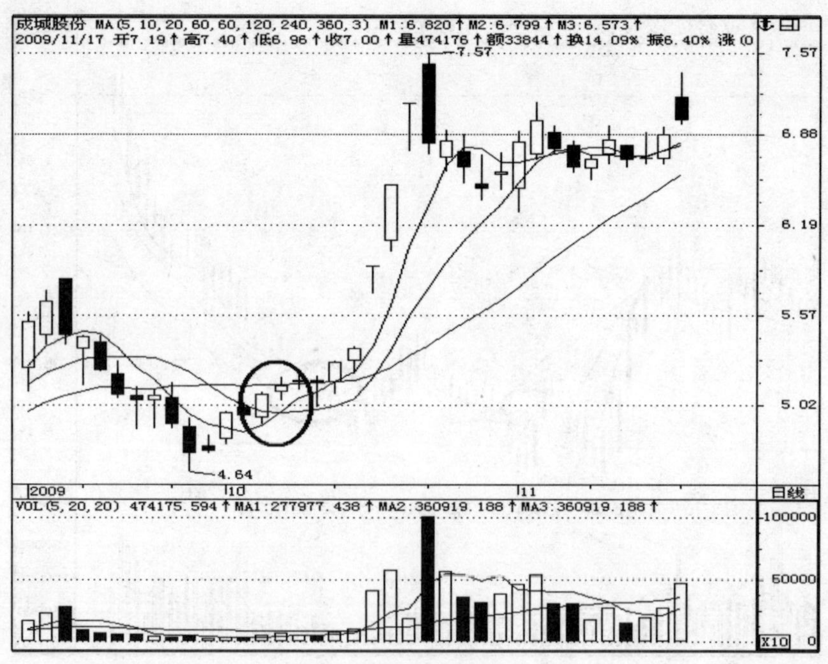

图 3-12

太龙药业(600222)

2009年10月走势图(图3-13)。

太龙药业(600222)2009年10月股价短线下跌以后，出现了止稳回升的走势，此时，5日移动均线率先形成上升趋势，这是在提示投资者股价短期的趋势发生了改变。

无论是中期趋势还是长期趋势，都是首先由短期趋势演变而来的。早先的短线上升趋势延续的时间长就会转变成为中长期趋势，因此，在进行实战分析时，需要首先关注短周期趋势的变化。

5日移动均线形成几天的上升趋势后，便上穿了10日移动均线，这意味着股价近期的上升趋势更加明确，由于金叉出现于一波调整之后，所以安全性较高。从后期走势来看，5日移动均线与10日移动均线金叉处恰似一轮上涨行情的低位起点。

图3-13

中国中期(000996)

2009 年 10 月走势图(图 3-14)。

中国中期(000996)2009 年 10 月短线调整以后，随着股价的上涨，5 日移动均线与 10 日移动均线形成了金叉的走势，这意味着股价短线上升趋势的明确，因此，对于短线投资者来讲，应当于此时以适合仓位入场买入股票。

在股价形成金叉的时候，成交量也随之出现放大的状态，量能于低点区间的放大说明有资金在此大量买入股票，而资金的入场是导致股价恢复上涨的主要原因。这是一种非常完美的走势形态。

在实战操作的时候，如果个股下跌后形成 5 日移动均线与 10 日移动均线的金叉，同时成交量出现放大，投资者则可以加重一些仓位进行操作。金叉确立了上升趋势的形成，成交量说明有资金在积极介入，实现盈利就会变得非常简单。

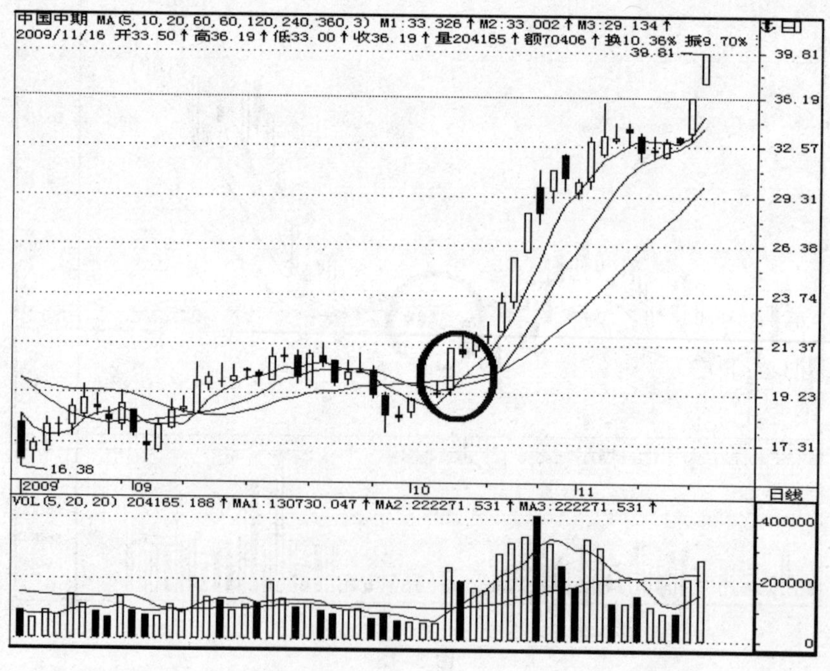

图 3-14

亿城股份(000616)

2009年10月走势图(图3-15)。

亿城股份(000616)2009年10月，股价形成V形底以后出现了连续上涨的走势，初期的上涨使得5日移动均线与10日移动均线形成了金叉，这是在提示投资者短线买点的到来。

随着股价进一步上涨，10日移动均线与20日移动均线形成了金叉走势，两个较长周期均线的金叉意味着股价中期趋势的走好，此时，无论是进行短线操作的投资者，还是进行中长线操作的投资者，都应当及时地入场建仓。

三条均线均形成金叉后，上升趋势将完全确立，这是股价连续上涨期间最后的低点介入机会。

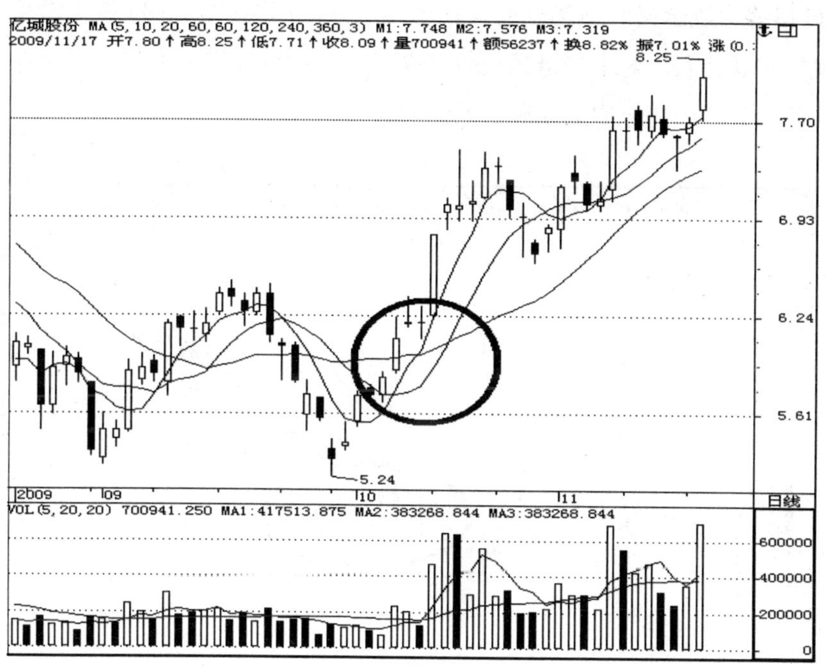

图3-15

桂东电力(600310)

桂东电力(600310)2009 年 10 月，股价形成了明确的强势 W 底(第二个低点比第一个低点高)(图 3-16)，自此以后，一轮上涨行情随之出现。

在股价初期上涨的时候，5 日移动均线与 10 日移动均线率先形成了金叉，这意味着短线买点的到来。随后，10 日移动均线与 20 日移动均线也形成了金叉，至此，无论是短线上升趋势还是中长线上升趋势均已明确成立。上升趋势形成的情况下，投资者还等什么？必须要积极地入场做多。

在股价上涨的时候，必然是 5 日移动均线与 10 日移动均线率先形成金叉，也就是短周期均线率先金叉，而后才会形成长周期均线间的金叉，这是不可能发生变化的。对于激进一些的投资者来说，可以在 5 日移动均线与 10 日移动均线金叉时适当建仓，而当 10 日移动均线与 20 日移动均线形成金叉时重仓介入。对于稳健的投资者来讲，在三条均线均形成金叉时介入更好，因为此时趋势已完成明确。

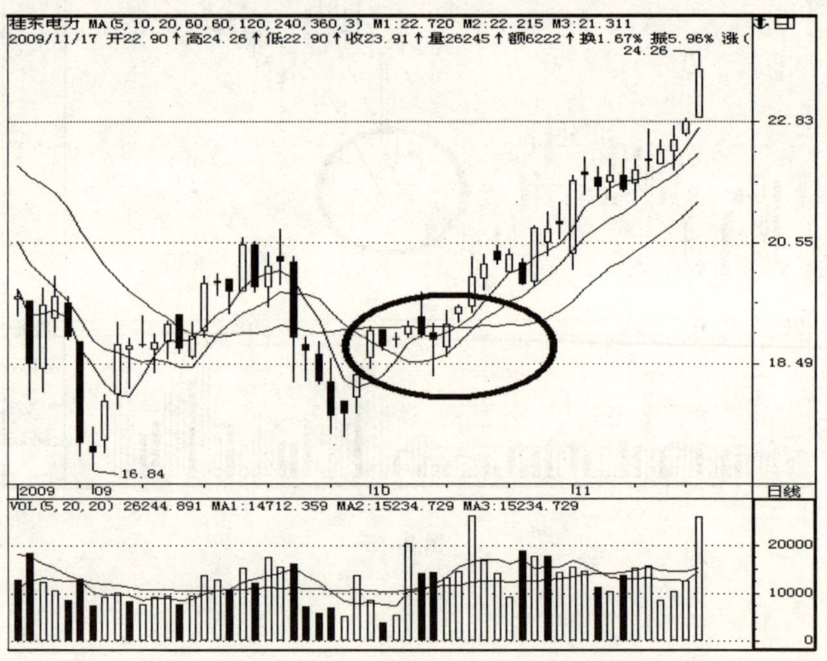

图 3-16

西南合成(000788)

2009 年 11 月走势图(图 3-17)。

西南合成(000788)2009 年 11 月，股价见底后已经形成了明确的上升趋势，20 日移动均线的上行意味着股价大级别的上升形态已形成，在股价涨幅并不高的情况下，只要出现短线调整，均可以视之为买入的机会。

在上涨中途出现了一波调整走势，短暂的下跌结束以后，股价的再度上涨又一次促使 5 日移动均线与 10 日移动均线形成金叉，虽然相比初期上涨的价位略高一些，但整体来看，第二次金叉出现的位置还算是相对的低位区间，所以，这个位置的金叉同样具有较高的安全性。

低点出现的 5 日移动均线与 10 日移动均线的金叉，往往 20 日移动均线并未形成上升趋势，而当前形成的金叉则是在 20 日移动均线上升趋势确立的情况下产生的，结合股价并不高的位置，该区间买进股票也是非常理想的区间。

图 3-17

永新股份(002014)

永新股份(002014)2009年10月，随着股价上升趋势的明确(图3-18)，20日移动均线改变了原来的下降趋势转为上升，从历史的走势来看，股价只有始终位于20日移动均线之上时，才会产生真正的大行情。

在股价上涨的中期，出现了一波调整走势。在受到20日移动均线支撑以后，股价恢复上涨，同时，5日移动均线与10日移动均线再度形成金叉现象。这一次的金叉与前期出现的金叉有很大差别，之前低点处金叉出现时，20日移动均线依然保持着下降趋势，而此时20日移动均线却形成了上升趋势。

在大上升趋势形成的情况下，股价短线调整结束后再次形成短周期均线的金叉现象，这将会构成一次极好的中途买入机会。如果投资者因为种种原因错过了低点买进机会后，在股价上涨的中途，再次利用5日移动均线与10日移动均线的金叉进行建仓，将会取得非常理想的收益。虽然错过了低点的获利机会，但未来股价上涨的盈利机会将会全部捕捉到。

图3-18

华西村(000936)

2009 年 10 月走势图(图 3-19)。

华西村(000936)2009 年 10 月股价 20 日移动均线形成上升趋势的情况下，连续上涨，一轮长时间的上涨行情给投资者带来了巨大的盈利机会。

上涨途中的调整低点区间有两个买点，一是利用 20 日移动均线支撑作用进行的买入，二是利用 5 日移动均线与 10 日移动均线再次形成的金叉进行的买入。

相比低点区间的金叉，上涨途中的金叉主要特征为：20 日均线保持上升趋势，金叉的位置在 20 日移动均线上方。这与低点区间的金叉有着极大的区别。该位置反应的市场含义为：股价处于大上升趋势中形成的短线低吸介入点。

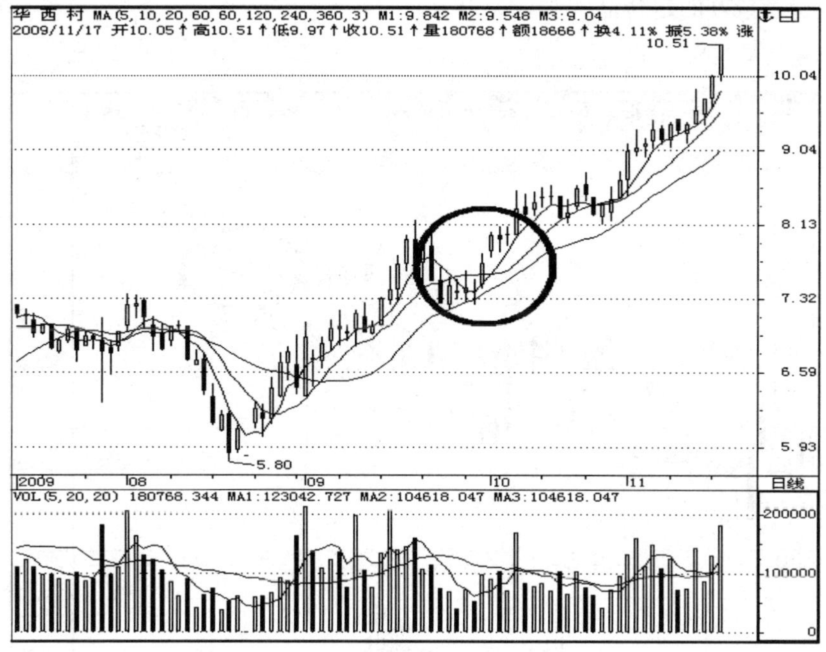

图 3-19

中国重汽(000951)

2009 年 11 月走势图(图 3-20)。

中国重汽(000951)2009 年 11 月股价形成了震荡上涨的行情，上涨过程中不同形态的调整时常出现，但是，20 日移动均线坚定的上升趋势为投资者指明了股价大的波动方向。

在股价上涨的途中，调整低点受到 20 日移动均线支撑以后，股价再度恢复上涨，新一轮的上涨带动 5 日移动均线与 10 日移动均线又一次形成了金叉买点提示信号。

由于短周期均线金叉形成时 20 日移动均线已明确了上升的趋势，并且短周期均线金叉位于 20 日移动均线之上，因此，将这种金叉称之为：强势金叉。这是股价于上涨过程中最好的补仓位，同时，也是错过低点买入机会的投资者最好的建仓位。

图 3-20

第三节　移动均线三种死叉卖点

移动均线可以提示投资者买点的同时，还可以提示投资者卖点。利用移动均线总结的卖点方式均属于趋势性卖点，是在股价形成短期或中期趋势时进行的出卖方法。因为，相比股价的最高点，卖点的位置相对会低一些，但是相比后期股价的连续下跌，卖点的位置还是非常高的。

移动均线的卖点形态为：短周期均线向下跌破中长期均线，两条线交叉的那个点称之为死叉，死叉的出现就意味着卖点的形成。

沃华医药(002107)

2009 年 7 月走势图(图 3-21)。

沃华医药(002107)的股价在上涨的时候，各条均线均保持着多头排列的迹象，面对均线的这种走势，不管 K 线是阴还是阳，投资者都要耐心地进行持股操作，除非移动均线的形态发生变化。

上涨到高点后，随着异常巨量的出现，股价停止了上涨，波动重心从此逐渐下移，这也导致了移动均线随之改变趋势。股价连续的弱势下跌使得 5 日移动均线与 10 日移动均线形成了死叉。

如果仅看 K 线图，在股价弱势震荡的时候很难决策具体的出局点位，但是根据短周期均线的提示，则很容易决定应当在什么位置卖出股票，使卖点更加明确，这也是移动均线的作用之一。

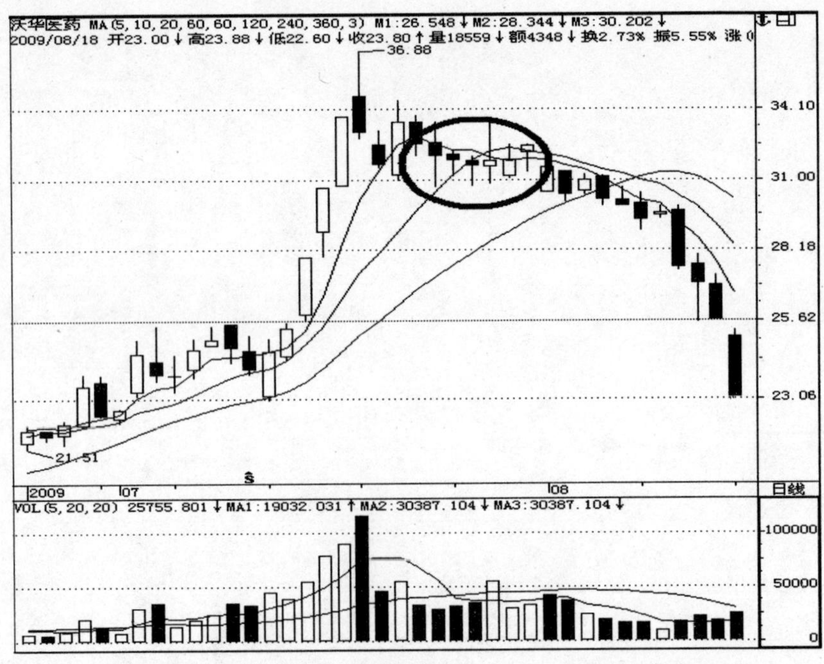

图 3-21

金宇车城(000803)

2009 年 8 月走势图(图 3-22)。

金宇车城(000803)2009 年 8 月，股价经过连续上涨在高位形成了死叉卖点信号，卖点出现以后，一轮短线快速下跌行情出现。在上涨的途中，也曾出现过一次死叉提示，但股价随后却出现了上涨，这该如何区分呢？第一次死叉出现时，股价的整体涨幅不大，但 8 月期间出现死叉时，股价的涨幅已经很大。股价位置越高，出现死叉时投资者就越应当谨慎。

同时，在均线形成死叉的时候，阴线的成交量还出现了放大的状态，高位阴线放量说明资金在进行积极地出货操作，这是非常危险的信号。由此可以看出，均线形成死叉时不仅趋势发生了改变，资金的操作动向也发生了明确的改变，在这种情况下如果继续持股，要么利润大幅回吐，要么资金产生亏损。

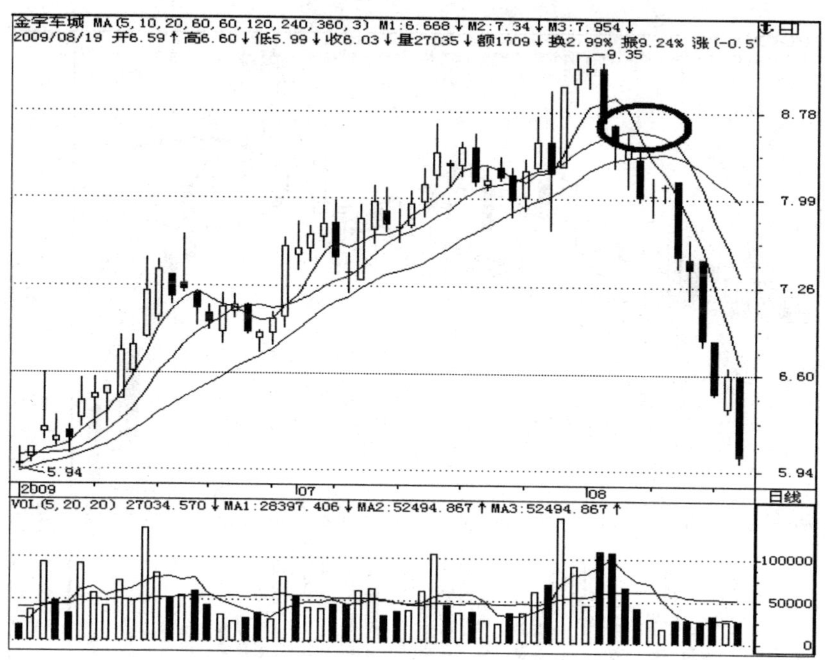

图 3-22

恒丰纸业(600356)

2009年8月走势图(图3-23)。

恒丰纸业(600356)2009年8月，股价在高点处形成放量后便开始下跌，通过后期的下跌走势来看，成交量的放大并非主力资金建仓，而是一种出货行为。

股价在下跌的时候，5日移动均线与10日移动均线率先形成了死叉，两条短周期的均线又与20日移动均线形成了死叉，三条均线均形成死叉确定了无论是短线趋势还是中长期趋势都将会继续向下。

短周期均线下行，股价往往会形成相应期的下跌，而一旦中长周期均线形成死叉，那么，股价未来下跌的周期将会延续，这对于做多的投资者来讲是极为不利的，因此，也是必须要在各条均线均形成死叉时及时离场回避风险。

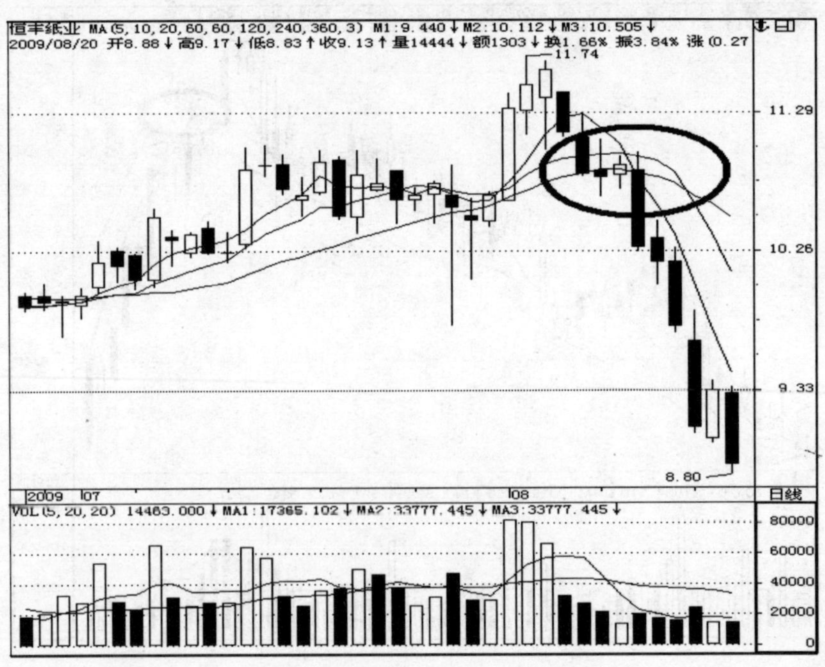

图3-23

山西汾酒(600809)

2008 年 8 月走势图(图 3-24)。

山西汾酒(600809)2008 年 8 月，20 日移动均线已经形成明确的下降趋势，这意味着一轮中长期下跌行情的开始，在此情况下，投资者千万不能在股价没有出现较大跌幅的时候轻易入场。

在下跌的中途出现了一次反弹的走势，反弹高点触压 20 日移动均线后便受压回落。再度的下跌使得短周期移动均线又一次形成死叉，与高点的死叉不同，这一次死叉位于 20 日移动均线下方。

这种走势说明短周期的波动最终向大级别的趋势进行了妥协，这也要求投资者此时必须要顺应大的趋势继续做空。如果在下跌低点处进行了短线抄底操作的投资者，此时也必须要及时离场，以回避后期股价持续下跌的风险。

图 3-24

鼎盛天工(600335)

2008 年 8 月走势图(图 3-25)。

鼎盛天工(600335)2008 年 8 月，在股价下跌的中途出现了短线反弹的走势，由于趋势并未得到彻底的改变，随后新一轮的下跌再度出现。

在股价反弹过后，短周期的均线因为上涨而形成金叉，又紧随股价的下跌形成死叉。由于 20 日移动均线保持着下降的趋势，同时死叉位于 20 日移动均线下方，因此，将这种走势称之为强势死叉。

强势死叉是股价下跌中途经常会见到的走势，由于短周期均线金叉的形成，很容易给投资者造成一种短线底部的错觉。即使在此时进行了操作也不要紧，只要强势死叉出现时能够及时离场也不会使资金产生较大的风险。

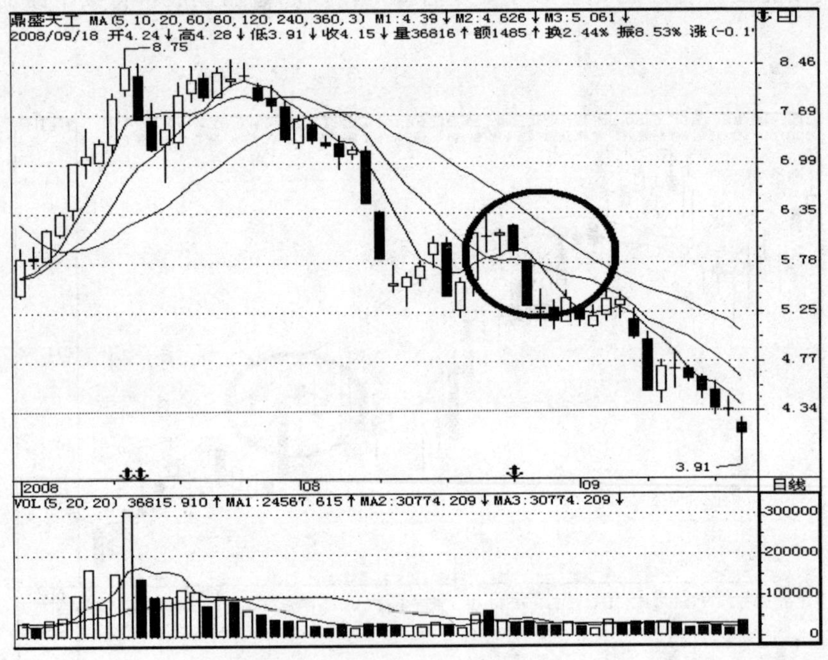

图 3-25

第四节　移动均线四种买入方法

以上为大家讲解的均线的买入方法，均是利用各条均线间不同的关系总结的操作方法，在本节以及下面一节内容中，为大家讲解的移动均线的买入方法，均是K线与均线的结合，利用K线与均线间的不同关系总结出的操作方法。从实战角度来讲，不同周期均线间的关系需要关注，而K线与均线间的关系也是同等重要的。

本节内容中的四种买入方法，概括了股价上涨过程中主要的波动模式，这些技术特点是必须要做到熟练掌握与运用。以下两节内容为了方便讲解，选用的均线为20日移动均线。

鹏博士(600804)

2008年11月走势图(图3-26)。

鹏博士(600804)2008年11月股价下跌到了低点，形成V形底以后一轮连续上涨的行情随之出现。如果仅通过K线形态决策买点，需要投资者具有较高的K线分析能力，但是，如果结合移动均线进行同步分析，买点的位置就比较容易确定了。

在股价下跌的过程中，K线始终位于20日移动均线下方，而在上涨的过程中，K线则始终位于20日移动均线上方。由此可见，只有当K线位于20日移动均线上方时，股价才有可能产生上涨行情。

股价下跌到低点以后，开始连续收出阳线，在阳线向上突破20日移动均线的时候，便是买点到来的时刻。从图中的走势来看，股价突破均线的位置相对低点价位虽然略高，但对于后期的行情来讲，却依然属于低位区间。

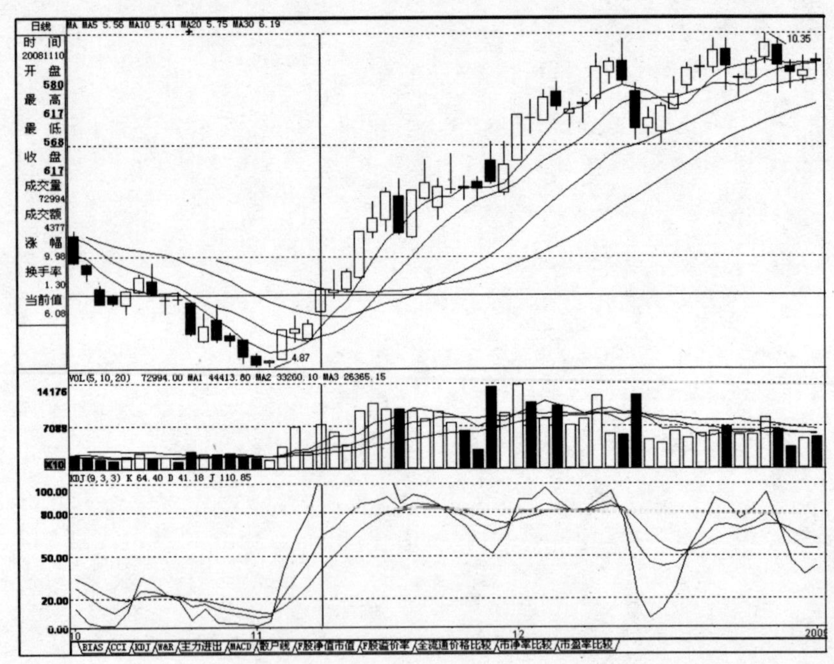

图3-26

金宇集团(600201)

2008 年 11 月走势图(图 3-27)。

金宇集团(600201)2008 年 11 月股价见底以后形成了长时间的上涨行情，在股价上涨的过程中，20 日移动均线对调整的低点起到了强大的支撑作用。而在股价下跌的时候，均线则对反弹的高点起到了压力作用。因此，可以将 20 日移动均线视为多空的分界线，如果股价始终无法突破均线，将会延续空头趋势，只有向上完成突破，才有可能形成上涨行情。

下跌到低点以后，空方的动能已消耗完毕，多头开始反攻，连续的阳线使得股价坚决地向上突破了 20 日移动均线，这是股价下跌过程中从未出现过的走势，这只能证明多方力度的强大。在多方聚积力量展开反攻的时候，投资者也应当顺势做多，买入点就是多空的转折点：股价向上突破 20 日移动均线之时。

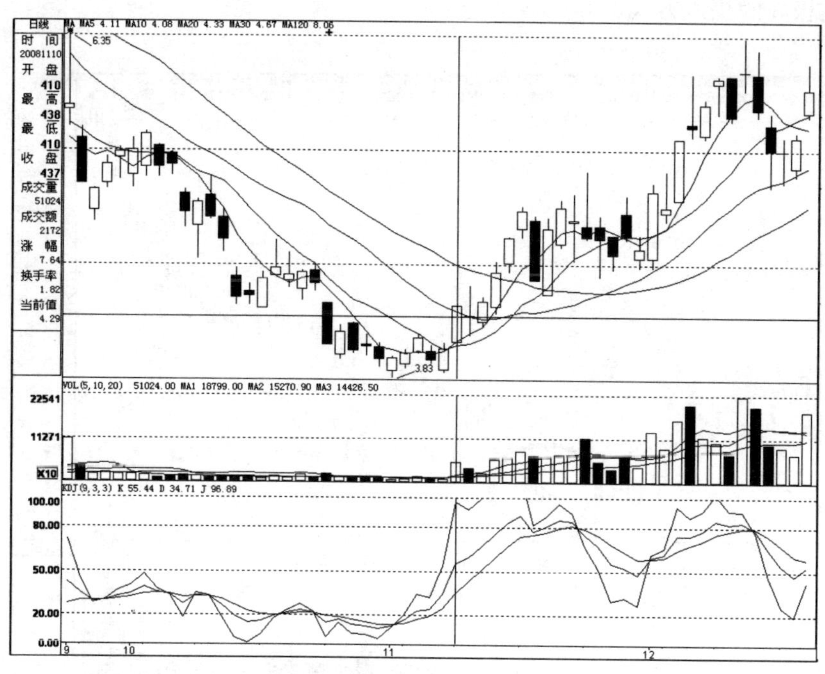

图 3-27

深圳惠程(002168)

深圳惠程(002168)2008 年 11 月股价向上突破 20 日移动均线，这意味着买点的到来(图 3-28)。因为这是下跌过程中从未发生过的走势，因此，激进一些的投资者完全可以适当地买进股票。而对于稳健的投资者来说，还是会希望趋势进一步明确时再入场，而不是股价刚刚具备上涨迹象时介入。这两种操作方法不能说哪一种是对的哪一种是错的，只是风险的意识不同而已。

对于稳健的投资者来说，股价向上突破 20 日移动均线是一种机会将要到来的信号，而具体的买点则应要等到 20 日移动均线扭转下降趋势之时。股价连续的上涨使得 20 日移动均线终于形成上升趋势，在这个时候，稳健买点才就此形成。

股价向上突破 20 日移动均线视为买入的准备，一旦 20 日移动均线拐头向上则积极介入，对于喜欢稳健操作的投资者来讲，这种方法不失为一种安全性极高的买入方式。

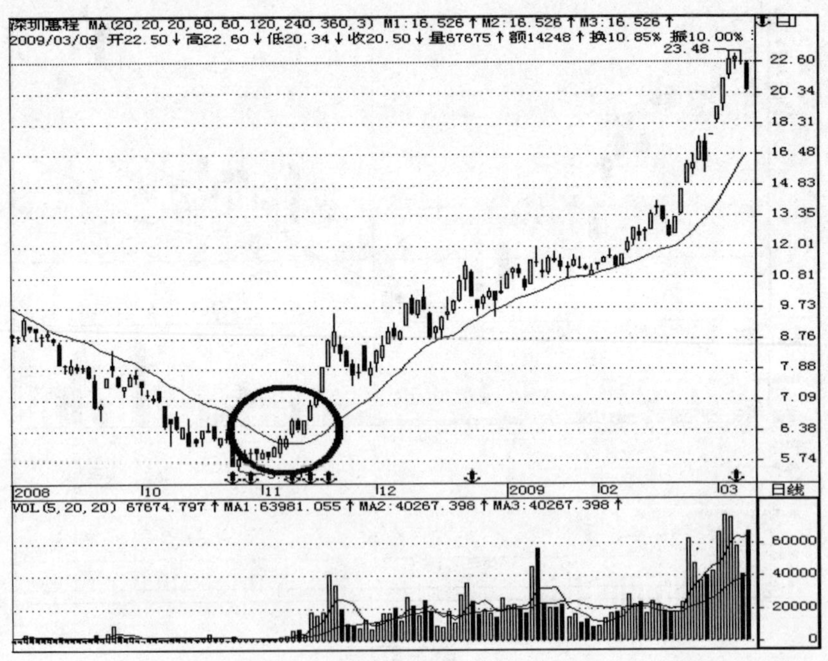

图 3-28

新海宜(002089)

2009年9月走势图(图3-29)。

新海宜(002089)2009年9月股价下跌到低点后，形成了小型W底随后连续出现的阳线向上突破了20日移动均线，激进买点的出现意味着此时股价上涨的概率已经大于继续下跌的概率。

在股价突破20日移动均线的初期，均线并未改变下降趋势，在大趋势依然向下的情况下，稳健的投资者是不会轻易入场操作的。经过几天的上涨，20日移动均线的趋势终于得以改变，一旦均线转头向上，便意味着上升趋势的确立，在这个位置进行建仓，实现盈利也将会是必然的事情。

在股价向上突破20日移动均线以及均线转头向上以后，再度出现的回落均受到了20日移动均线的支撑，并且K线始终长时间位于均线之上。在均线拐头向上的时候进行买进，等于买在了大级别趋势的转折点。

图3-29

郑州煤电(600121)

郑州煤电(600121)2009 年 9 月股价向上突破 20 日移动均线后不久(图 3-30)，均线也随之形成了拐头向上的走势，至此，无论是激进的投资者还是稳健的投资者都可以入场进行操作。现在买点已经明确形成，但是因为种种原因，仍会有一些投资者并未在上涨的初期进行买入，那么，随着股价连续的上涨，什么位置还可以继续买入股票呢？

正常情况下，股价在上涨的时候往往会形成波段式的上行形态，上涨一定幅度以后将会出现正常的调整，因此，当调整走势出现时，便可以根据具体的调整形态进行买进。

股价首轮上涨后出现回落，回落的低点恰位于 20 日移动均线处，均线此时起到了强大的支撑作用。在支撑作用发挥效果的时候，未在低位买入的投资者就可以在此时买进股票。这是一种错过低位机会后的补救措施，是实战操作中经常会使用到的中途建仓方法。

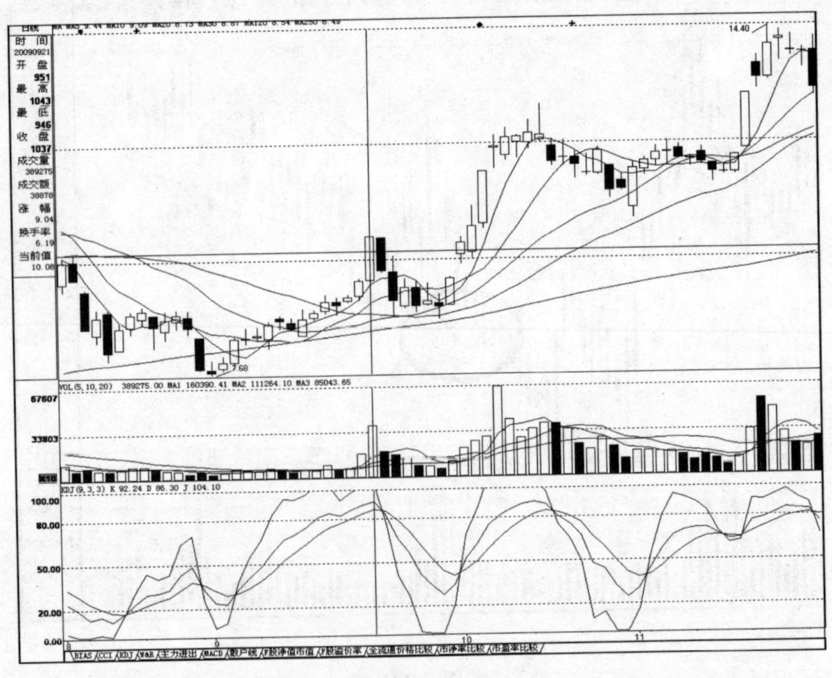

图 3-30

天科股份(600378)

2009 年 9 月走势图(图 3-31)。

天科股份(600378)2009 年 9 月在股价突破 20 日移动均线之后，均线随之拐头向上。经过连续上涨后，股价出现了调整的走势。由于 K 线依然位于均线上方，并且 20 日移动均线也始终保持着上升趋势，因此，价格的暂时回落可以视为一次买入的机会。

股价回落至 20 日移动均线处时便停止了下跌，均线发挥了强大的支撑作用。在这种情况下，未在低点处买进的投资者便有了一次逢低建仓的机会。并不是上涨过程中任何调整的低点都可以进行操作。只有在均线形成拐头向上走势时，第一轮出现的调整才可以这样操作，如果股价涨幅已高，便不可以再使用这种方法进行买入。

图 3-31

中珠控股(600568)

2009 年 8 月至 10 月走势图(图 3-32)。

中珠控股(600568)2009 年 8 月至 10 月期间股价形成了二次 V 形底的走势，每一次快速下跌以后，均出现了不同程度的反弹走势。从历史的走势来看，不管是在牛市期间，还是在熊市期间，股价如果出现异常的下跌，便很容易出现反弹行情，根据这一特点，便可以在股价异常下跌的低点处进行短线操作。

从图中的走势来看，这两次低点有着明显的共性：股价下跌的低点距离 20 日移动均线非常远，受到均线的引力，从而形成技术性反弹走势。股价与均线之间的距离称之为乖离率，二者之间的差值越大，股价便越容易形成反弹。

从技术上来讲，如果指数同期跌幅较小，股价与均价相差 15%的幅度便很容易形成反弹。如果指数同期走势较弱，二者差值大于 25%时将容易引发股价的反弹。根据这一特征，一旦股价形成异常下跌走势，并且股价与均线差值较大时，投资者便可以以适当仓位参与操作。

图 3-32

江苏开元(600981)

2009年8月走势图(图3-33)。

江苏开元(600981)2009年8月形成高点以后，出现了快速下跌的走势，如果投资者回避了股价高点的风险，下跌便不是风险，而是一次新的盈利机会。

在股价下跌的过程中应当如何结合均线决策买点所在呢？股价下跌的力度非常大，这很容易在短时间内耗尽空方的力量。所谓物极必反，下跌看似凶狠，但这种急跌却并不会维持太长时间。经过几天的下跌，股价距离均线已经非常远，在这种情况下，均线的引力将会发挥作用，因此，投资者在连续下跌以后，并且距离均线较远时，以适当仓位买入股票。

利用乖离率的方法进行操作带有一定的冒险成分，因为股价当前的下降趋势并没有改变，在上升趋势形成之前买入股票自然要承担股价有可能继续下跌的风险。因此，这种买入方法仅合适于激进的短线操作，而并不适合于稳健的投资者使用。

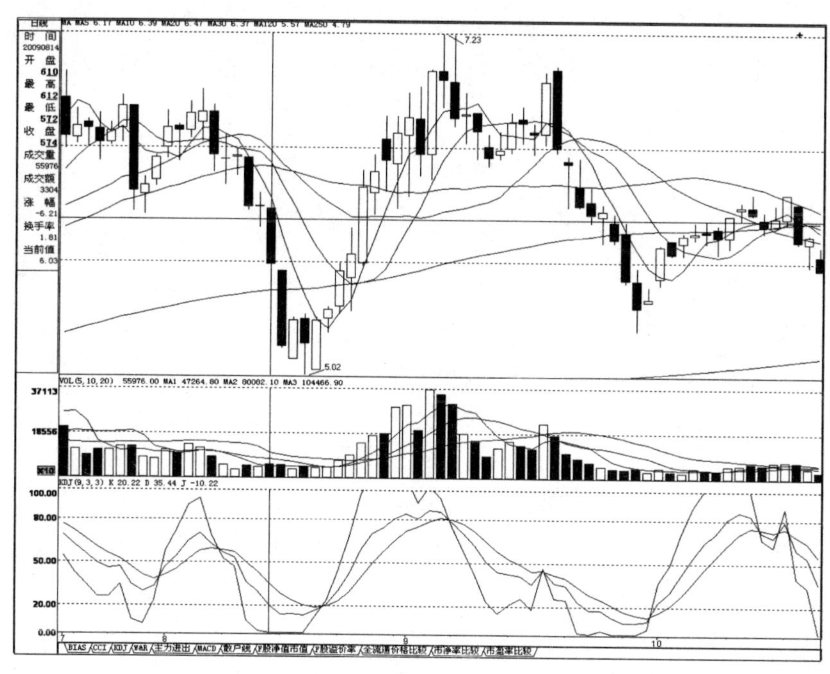

图3-33

第五节 移动均线四种卖出方式

移动均线可以帮助投资者提示各种买入的方式，同时，它还可以提示投资者卖点的所在。在使用移动均线指导卖点的时候，投资者需要注意：移动均线是追踪股价波动趋势的，因此，其变化必然在股价波动之后，也就是存在一定的滞后性，周期越长的均线，滞后性也就越明显。但是，如果使用短周期的均线，又由于短周期均线变化过于灵敏，较为容易出现伪信号。因此，投资者一定要结合自身的操作周期选择恰当的均线来指导操作。

均线的使用思路都是基本一致的，不同的只是周期的变化，所以，一种周期的均线使用方法完全可以适用于其他周期的均线。

长江证券(000783)

2009 年 8 月走势图(图 3-34)。

长江证券(000783)2009 年 8 月股价上涨到高点以后开始回落，从上一节的内容可以得知，均线可以视为多空分界线，K 线位于均线之上，股价便会连续上涨，而一旦回落到均线之下，将很有可能逆转趋势。因此，在股价上涨的过程中，只要 K 线始终位于均线之上，无论是阴线还是阳线，均可以积极地进行持股操作。

经过一段时间的上涨，连续出现的阴线跌破了 20 日移动均线，这意味着卖点的到来。同时，跌破均线的走势在股价上涨过程也从未出现过，这足以说明此时空方的力量已完全可以与多方抵抗。在空方实力日渐强大之时，投资者应当在股价跌破均线趋势将要发生逆转时及时卖出股票。

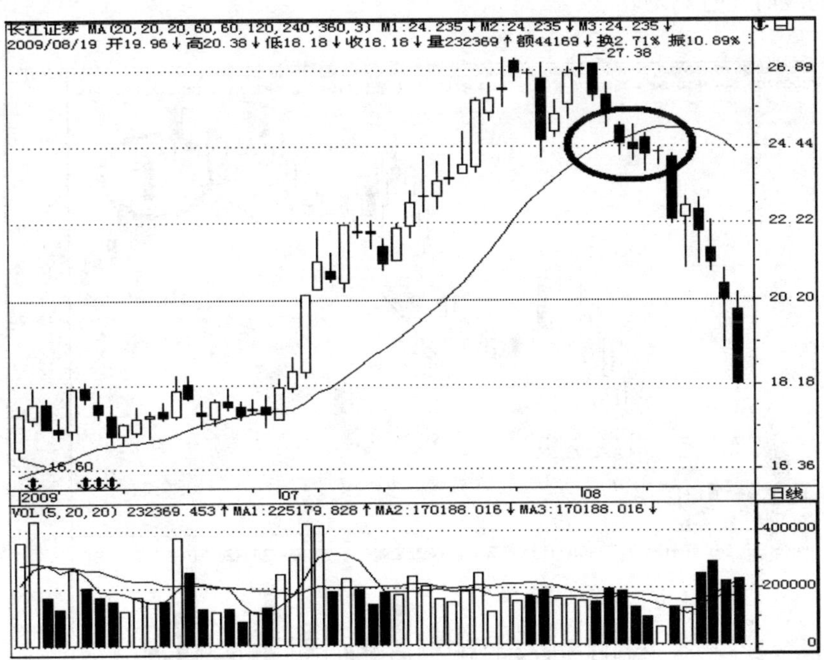

图 3-34

熊猫烟花(600599)

2009年9月走势图(图3-35)。

熊猫烟花(600599)股价在上涨的过程中，虽然多次出现调整的走势，但K线却始终位于均线之上，结合均线形成的上升趋势，这是在提示投资者需要坚定地做多。

经过几波震荡上涨，股价已处于较高的位置，此时，便需要做好随时获利了结的准备。既然按照趋势进行操作，那么，在卖出股价的时候也需要服从于趋势的变化。

利用K线与移动均线的变化关系，趋势性的卖点为：股价从上向下跌破均线时进行卖出。一旦股价跌破均线便意味着空方占据了上风，股价位于多空分界线下方时，很容易产生连续的下跌，因此，投资者很有必要在股价跌破均线时先行离场。

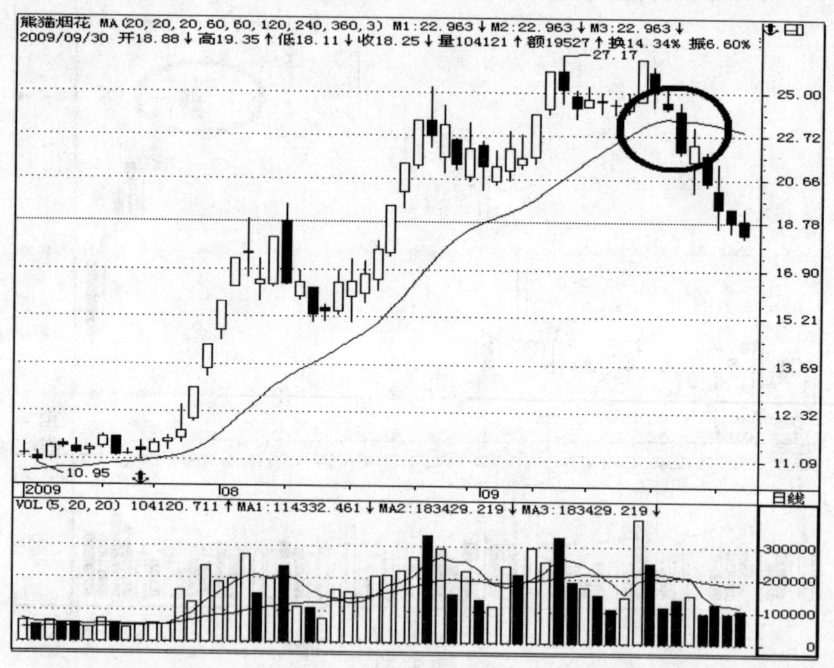

图3-35

泛海建设(000046)

泛海建设(000046)2009 年 7 月股价已经形成较大的涨幅(图 3-36)，涨幅大虽并不一定意味着下跌的必然出现，但是大幅下跌的走势却常出现于经过大幅上涨的个股之中。因此，在股价形成了较大涨幅以后，应当随时留意趋势有可能改变。

上涨到高位以后，股价出现了弱势震荡的走势，20 日移动均线的支撑作用已经有所失效，随着波动重心的不断下移，K 线终于回落到了均线的下方。K 线跌破均线意味着卖点的到来，这对于操作激进的投资者来说是必须要卖出的。

对于趋势性投资者而言，K 线跌破均线是准确卖出的信号，一旦后期均线由上升趋势转为下降趋势，就必须要及时卖出。K 线位于均线之下说明股价的波动已经转弱，同时，均线的拐头向下也意味着趋势的改变，因此，无论是激进的操作也好，还是保守一些的趋势性操作也好，都应当在此时离场回避风险。

图 3-36

东方热电(000958)

2009 年 8 月走势图(图 3-37)。

东方热电(000958)2009 年 8 月，股价经过连续上涨已到达高位区间，在这种情况下，除了要对 K 线形态进行分析以外，还需要结合成交量的变化进行综合分析。

股价上涨到高点以后，成交量出现了急剧的放大，如果是资金在此建仓，股价应当继续快速上涨，但是放量过后却出现了弱势震荡的走势，此时，量价配合已经有所异常。

经过一段时间的震荡，K 线已位于均线下方，并且均线也随之形成拐头向下的走势，趋势的改变意味着下跌行情将会就此展开，投资者此时必须一定要及时逢高卖出股票。

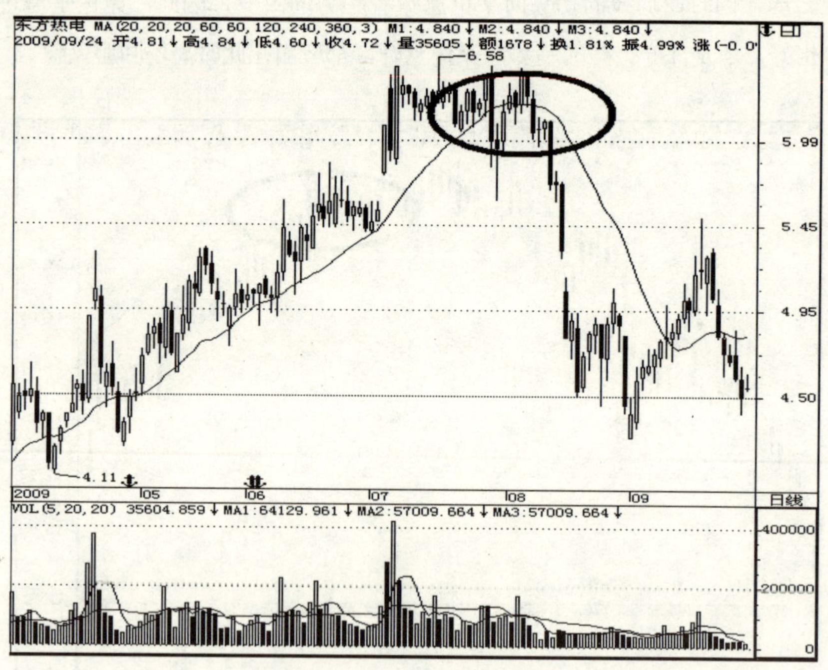

图 3-37

金发科技(600143)

2009 年 8 月走势图(图 3-38)。

金发科技(600143)2009 年 8 月，股价虽然已位于高位，但由于上升趋势依然很明确，如何卖出股票的确是一个问题。如果在股价跌破均线时进行卖出，利润已经回吐了很多，很显然，这种方法在某些时候会存在一定的失误。

股价在上涨的初期阶段，始终距离均价线较近，保持着正常的乖离状态。但是，在后期上涨的过程中，离均价线则越来越远，乖离率的加大，将会很容易促使股价向均线靠拢，因此，投资者应当考虑在上涨的高点区间逢高减仓。

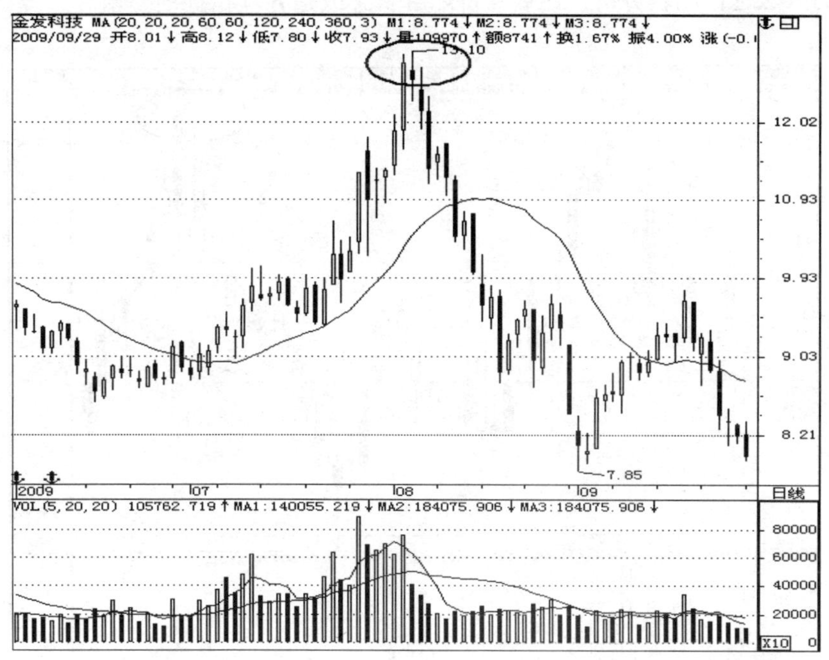

图 3-38

欣网视讯(600403)

2009 年 9 月走势图(图 3-39)。

欣网视讯(600403)2009 年 9 月，股价在上涨的高点收出了一组空头反攻 K 线组合，这组 K 线的出现是一种明确的顶部信号，这也是导致股价后期连续下跌的原因之一。

股价经过连续地上涨，离均线的距离已经很远，除非当前的市场为非常火爆的大牛市，否则在乖离率很大的时候，股价的回落将很容易出现。

利用股价与均线间较大的乖离率进行卖出，是一种参考性的卖出方式，因为在某些时候，出现的调整也可能只是短线行为，这样一来便容易错过中线行情的机会。因此，乖率离较大时是否一定要卖出，投资者还需要结合其他的方法进行比较分析，比如量价配合状态或是各项指标的提示等。

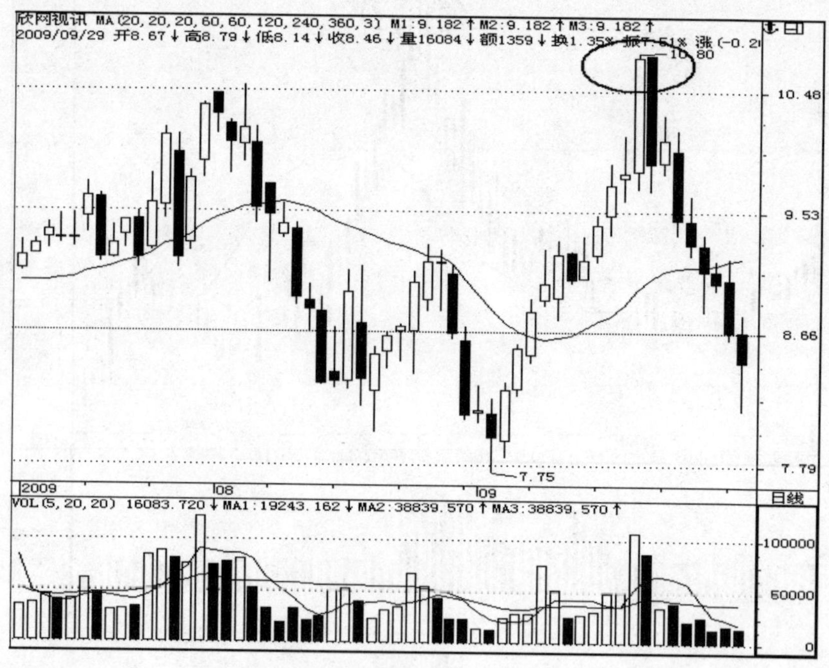

图 3-39

冀东水泥(000401)

2009 年 8 月走势图(图 3-40)。

冀东水泥(000401)2009 年 8 月，股价形成顶部以后出现了震荡下跌的走势。震荡下跌行情相比单边下跌行情而言，分析的难度将会有所增加。但是，无论 K 线形态如何变化，弱势特征必然会非常明显。

股价在震荡下跌的过程中，出现了一次反弹的走势，但是，反弹至 20 日移动均线处时，短线上涨行情随之结束。20 日移动均线的强大压力开始发挥作用，这种走势是一种经典的空方力量强大的信号。

如果多方力度仍然强大，必然会像上涨时一样突破均线压力，而如果这道压力突破不过去，K 线位于多空分水岭下方震荡，股价便会连续下跌。

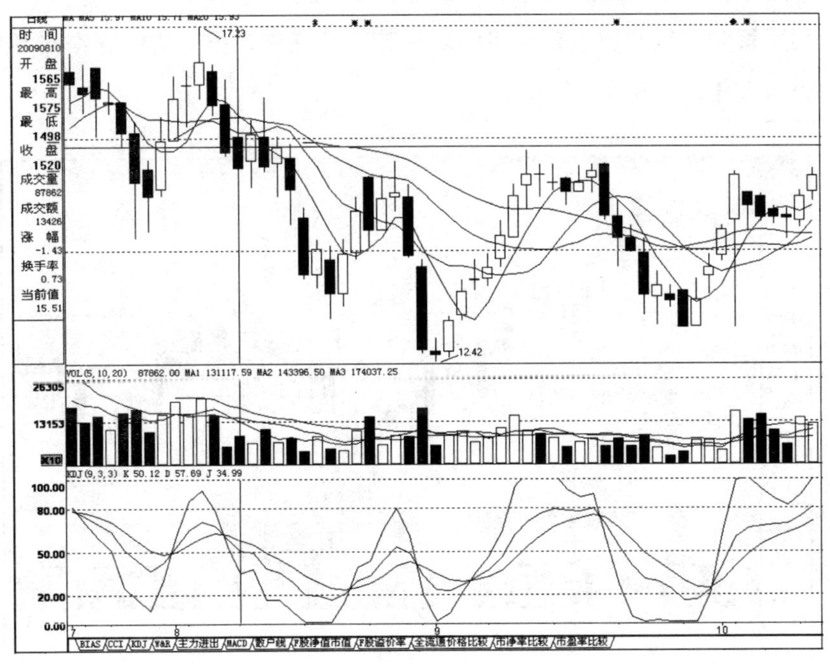

图 3-40

新湖中宝(600208)

新湖中宝(600208)2009年8月(图3-41)，股价跌破20日移动均线宣告了顶部的到来，随后均线的拐头向下进一步确认了顶部的可靠性。

顶部总会经常形成，但也有很多投资者总是无法顺利地逃顶，如果没有卖在顶部，那么，在后期股价下跌的过程中，也一定要及时的离场，风险到来之时，越是离场时间早，资金受到的损失便会越小。

初期下跌的过程中，股价出现了一次反弹的走势，但是反弹高点受到了均线的强大压力。利用均线的压力作用在下跌过程中逢高卖出股票是一种常见的操作方法，这种方法虽然卖出的价位相比顶部并不算高，但是，卖点却非常容易把握，因为均线的波动幅度要比K线小一些，并且是事先存在的，因此，无论什么水平的投资者都可以轻松地掌握。

利用移动均线卖出股票更多的属于趋势性操作，虽然均线存在滞后性，便顺势而为什么时候都不算错。

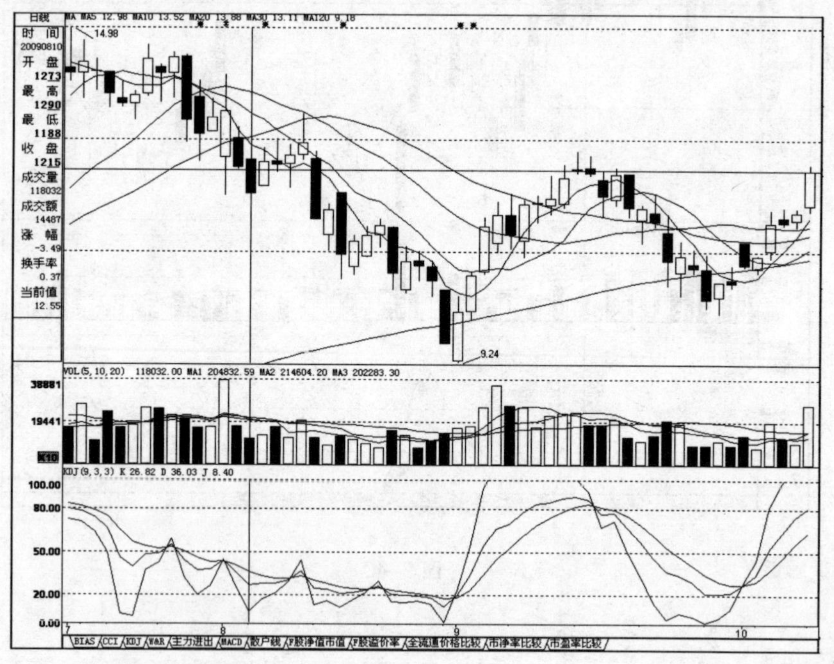

图3-41

第四章

指标战法

各种技术指标是投资者在实战分析过程中常使用的工具，每一款技术指标都会如实反映市场的不同信息，在很多时候，技术指标可以提示投资者很多头脑所忽视的波动现象。无论是水平较低的投资者，还是实战经验丰富的投资者，都必然会或多或少地参考各种技术指标所发出的信号。

第一节 MACD 指标两种金叉买点

MACD 指标是一款非常经典的分析工具，也是投资者中流传最广的使用方法。不过可惜的是很多投资者并不能很好地运用该工具，这无疑是一个遗憾。本节内容为大家讲解两种全新的买入方法，这些分析方法必然会对投资者的实战起到很大的帮助作用。

江苏通润(002150)

2009年8月走势图(图4-1)。

江苏通润(002150)2009年8月，股价下跌到低点以后出现了上涨行情，在上升趋势确立的情况下，MACD指标也随之形成了金叉，这是在提示投资者买入信号的到来。

按照传统的分析方法，只要MACD指标形成金叉便可以入场操作，但是，一味地僵硬使用却使很多投资者也产生了亏损。所以，一定要在传统方法的基本上提炼出效果更好的方法。

将MACD指标金叉视为买点依然不变，但变化的是MACD指标线的位置或是柱体的情况。图中个股下跌到低点以后，MACD指标线体非常低，创下了很长时间的最低点，同时，指标柱体也非常长，远超过前期各阶段期间的柱体。这科走势说明股价目前基本上已跌无可跌，因为这个位置出现的MACD金叉现象，才是最值得考虑操作的机会。

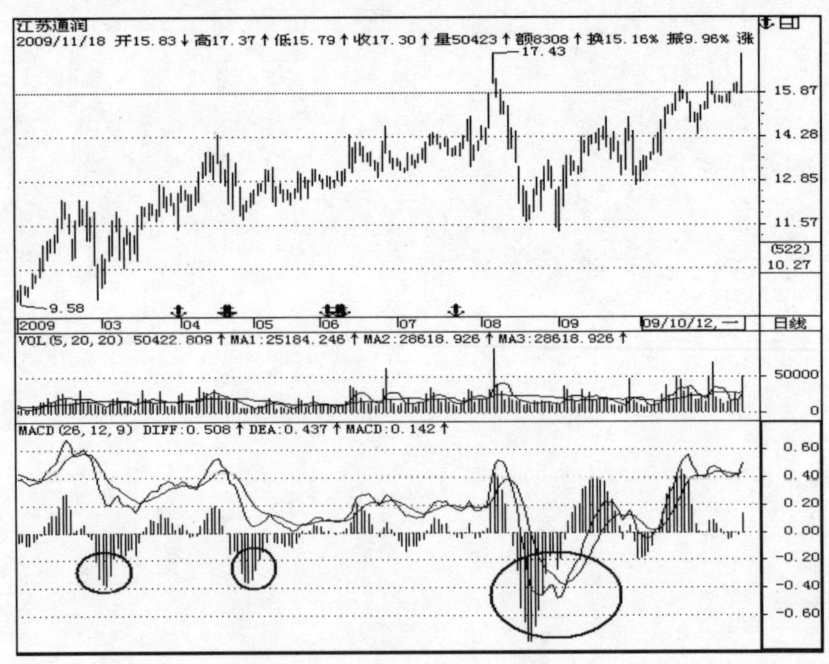

图4-1

同达创业(600647)

同达创业(600647)2009 年 8 月股价出现了短线下跌的走势(图 4-2)，下跌结束展开一轮持续震荡上行的行情。在股价下跌到低点后，MACD 随之形成金叉提示做多机会的到来。

并不是所有的金叉都能够带来安全的盈利机会，如果一味地见到金叉就买进股票自然很难实现盈利，因此，要对 MACD 指标金叉的位置进行详细的判研。

股价下跌到低点的时候，MACD 指标线处于历史的最低限区间，并且指标柱体的长度也非常长，指标的这种变化说明股价下跌过度，未来上涨的概率将会很大。在指标线处于极低的位置形成的金叉才是最安全的，这正是物极必反的道理。

未来投资者在进行操作的时候，一定要注意 MACD 指标线体所处的位置或是柱体的长度，选择那些指标线创下较长时间最低限的个股进行操作，资金的安全性才有保障。

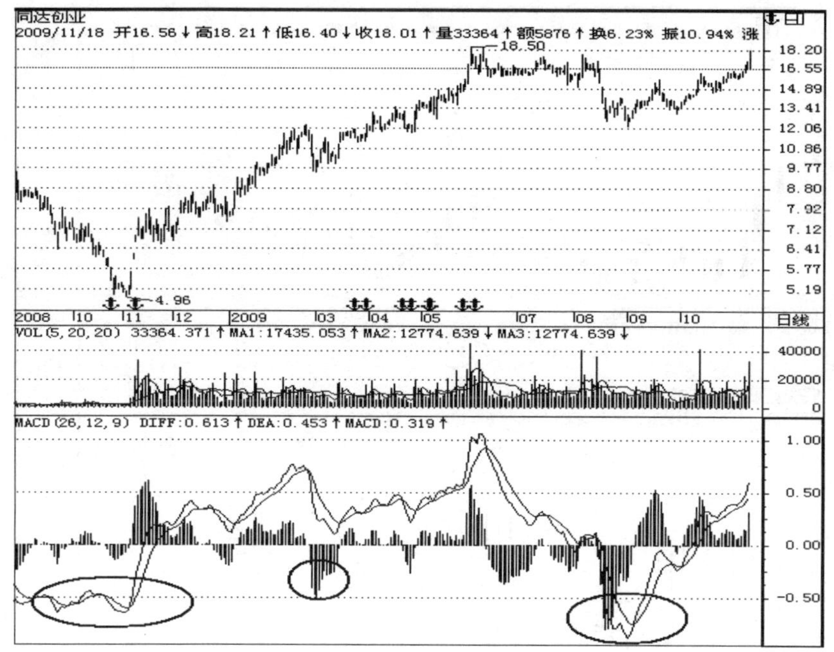

图 4-2

TCL 集团(000100)

2009 年 9 月至 10 月走势图(图 4-3)。

TCL 集团(000100)2009 年 9 月至 10 月股价于低点处形成了多重底走势，三个低点基本在同一区间提示了投资者底部的到来。

如果仅通过 K 线图进行分析，在股价回落的过程中进行买入，投资者可能信心不足，但此时如果结合 MACD 指标进行分析，未来的波动方向就很容易确定了。

股价在低位并未形成上升趋势的时候，MACD 指标则形成了明显的上升趋势，指标提前提示投资者潜在的上升趋势的确立。受到 MACD 指标上升趋势的影响，股价也在后期出现了连续的上涨行情。在 MACD 指标上升趋势形成的情况下，中途只要出现金叉便可以入场进行操作。

MACD 指标线一旦上行趋势确立，往往会在后期保持一段时间，而在上升趋势过程中形成的金叉将是安全性最高的。

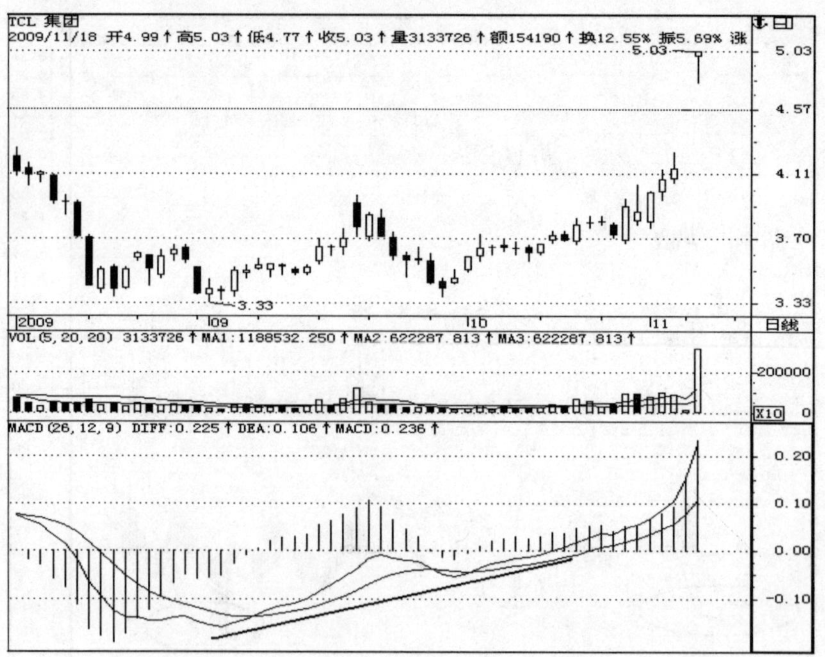

图 4–3

杭萧钢构(600477)

2009年9月至10月走势图(图4-4)。

杭萧钢构(600477)2009年9月至10月形成了标准的多重底，在突破颈线以后，一轮短线大幅上涨的行情随之出现，突破颈线的位置对投资者来讲是资金利用率最高的买点，也只有在这个时候，股价的波动方向才更加明确。

在低点没有明确波动方向的时候，其实MACD指标已经向投资者发出了做多的信号，提前于股价形成的上升趋势就是在提示投资者要勇于抄底。在MACD指标过于上升趋势的过程中，只要再度出现金叉，便可以积极地进行买入。

从整体走势来看，在MACD指标上升趋势确立的过程中，一旦指标金叉出现，恰是股价的初期上涨，这个位置进行做多操作非常理想。

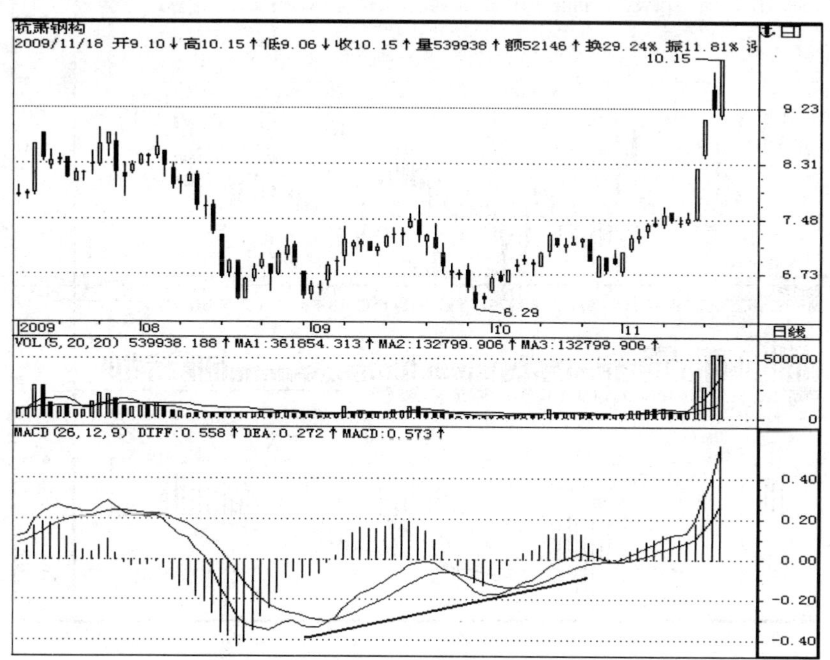

图4-4

明星电力(600101)

2009年9月至10月走势图(图4-5)。

明星电力(600101)2009年9月至10月期间的三重底非常标准，三个低点位于同一水平位。如果从当时的走势来看，虽然底部形成，但大的趋势却并不太明确，如果通过K线图无法得出较为明确的波动信号，这个时候就需要结合技术指标进行综合分析。

在股价低点保持水平的情况下，MACD指标则率先形成了上升的趋势(指标低点先于个股提高)，而是上升趋势中途的金叉就是一次极为理想的介入点。在这个位置买进便等于买在了一轮上涨行情的起点。

如果股价未来下跌的概率较大，指标是不会率先形成上升趋势的，而先于股价形成的上升趋势是在为投资者指明未来大的波动方向。既然股价未来会产生大波段的上涨，金叉出现的时候自然就是理想的介入点。

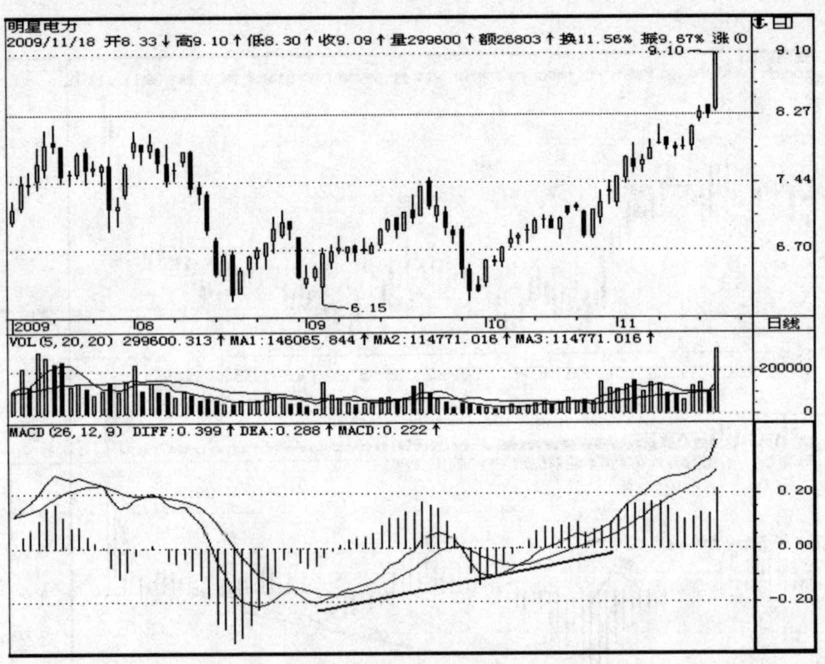

图4-5

第二节　MACD 指标两种死叉卖点

利用 MACD 指标解决了低点区间的买入问题后，在股价连续上涨以后，就需要考虑如何进行卖出操作。MACD 指标不仅可以提示投资者买点，同时，它还可以提示投资者什么时候获利了结。

利用 MACD 指标传统的方法进行分析，在某些时候的确可以把握住股价的高点区间，但是，在大上升趋势形成的过程中，一味按照死叉卖出，则很容易卖在上涨的中途区间，因此，仍然需要将 MACD 指标传统的卖出方法进行优化。

富龙热电(000426)

2009 年 7 月走势图(图 4-6)。

富龙热电(000426)在股价上涨的过程中，MACD 指标出现了多次死叉的现象，如果在金叉出现的时候进行卖出，将会错过股价连续上涨带来的盈利机会。因此，要想办法将这些虚假的死叉信号进行过滤。

具体的分析方法为，在 MACD 指标处于低位状态的时候，服从于股价的上升趋势，而当指标线创下较长时间最高位置时，一旦出现死叉，投资者就需要高度警惕。

2009 年 7 月期间，MACD 指标线创下新高，只要没有死叉出现，投资者依然可以持股，但是，如果死叉形成，必须要及时地进行卖出。指标线的位置越高，形成死叉后引发的风险也就越大。利用这种方式进行卖出，完全可以回避大型的顶部区间。

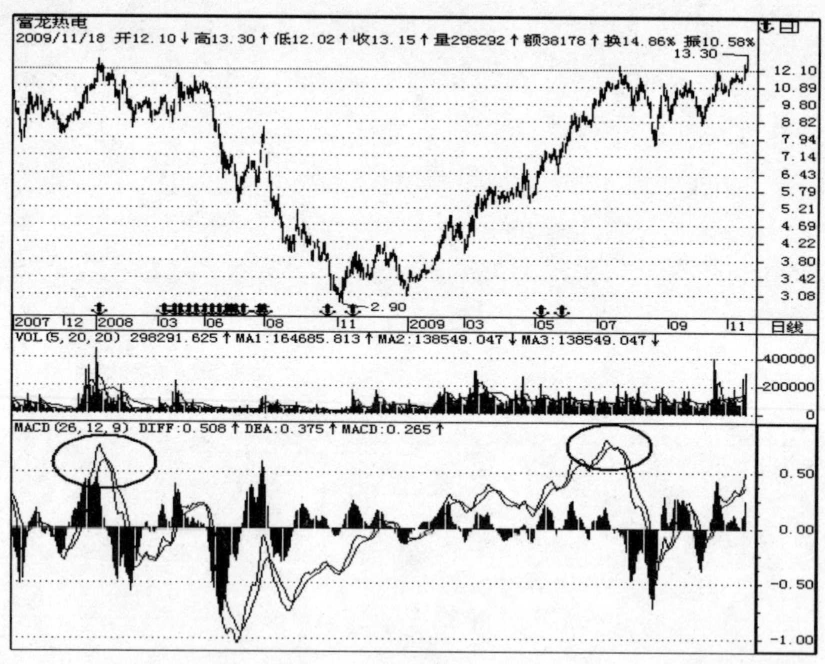

图 4-6

鑫新股份(600373

2009 年 7 月走势图(图 4-7)。

鑫新股份(600373)2009 年 7 月股价由低点已形成较大幅度的上涨，涨幅越大虽然可以给投资者带来较大的盈利，但随后的风险也有可能会越大。涨跌都是相互的，有大跌就会有大涨，有大涨同样也会有大跌。

在股价连续上涨的时候，MACD 指标线所处的位置也非常高，并且指标柱体也形成了几年的最长值，在这种情况下指标线的上升空间变得很小，同时，这也意味着股价后期调整或是见顶回落的概率在逐步增加，因此，投资者应当小心。

在指标线或指标柱体达到极大值的情况下，只要没有形成死叉便可以继续持股，一旦死叉形成，便不能犹豫需要及时卖出股票。

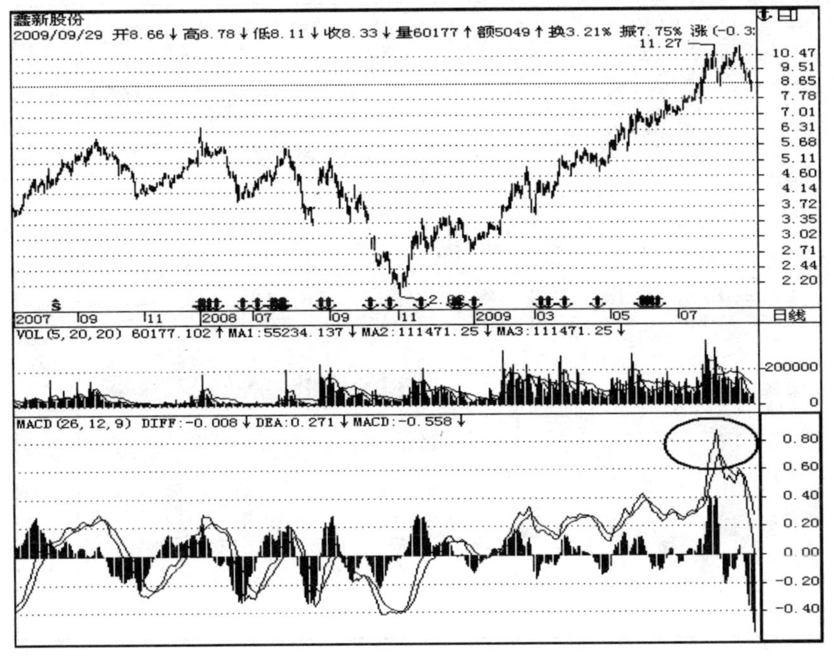

图 4-7

创兴置业(600193)

2009年7月走势图(图4-8)。

创兴置业(600193)2009年7月，股价上涨到了高点区间，同时，指标线以及指标柱体已经达到了最高值，在这种情况下，一旦股价有何异常波动，将很容易导致上涨行情的结束。

判断指标线是否到达了极高位或是指标柱体达到了最长值，需要采用对比的方法进行分析。具体的方法为：将当前的指标线位置与前期的指标线位置进行对比，对比的周期越长，方法的可靠性也就越高。

通过对比便可以判断出当前指标线的位置已处于极高状态，在此情况下，只要死叉出现便可以宣告风险的到来，在面临风险的时候，早一天卖出要比晚一天卖出更加安全。

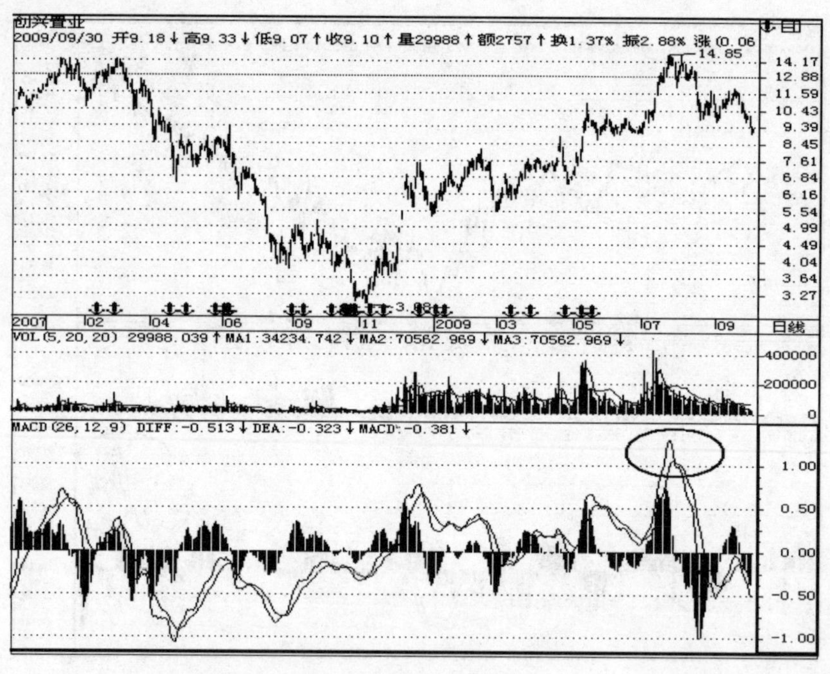

图4-8

大连圣亚(600593)

2009年7月至8月走势图(图4-9)。

大连圣亚(600593)2009年7月MACD指标形成了第一个死叉，如果股价的上涨依然保持较为正常的状态，指标是不会出现死叉的，而高位死叉的形成则意味着股价波动可能存在变数。

横盘过后收出一根巨量大阳线，这一根大阳线的出现并未促使价格的继续上涨，阳线过后连续下跌走势随之出现，下跌的出现使得MACD指标又一次形成死叉，在较短的时间指标连续两次死叉，这种走势往往意味着空方占据了市场的主动。

如果投资者没有在第一个死叉处进行卖出，那么，在第二个死叉出现的时候，必须要及时地离场，较短时间连续出现死叉是一种极大的短线风险。

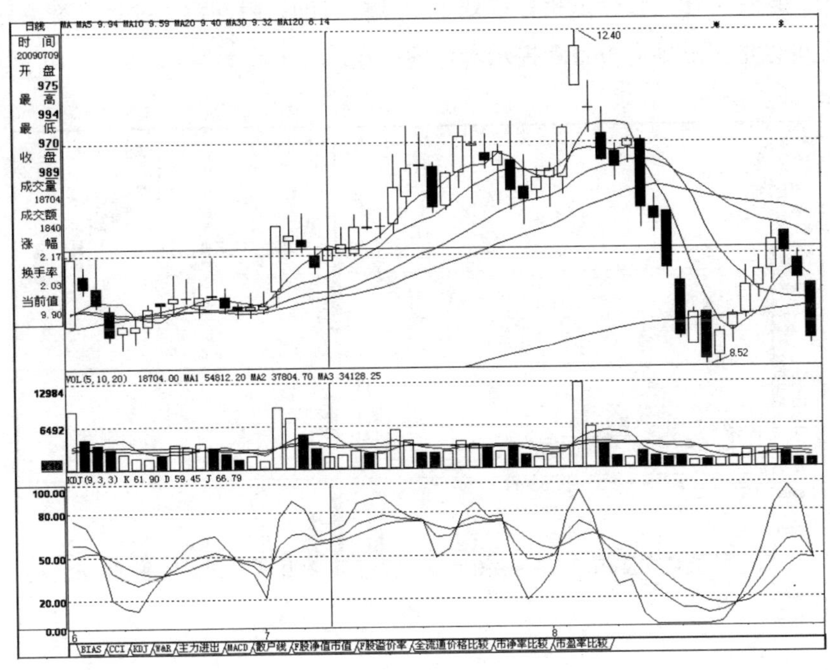

图4-9

丹化科技(600844)

丹化科技(600844)2009 年 7 月股价上涨到高点后的调整导致了死叉的出现(图 4-10)，但随后再次创新高的走势必然会对投资者原先的分析造成影响，死叉的出现是风险到来的信号吗？

如果新高的出现是真实的，那么，后期股价将会连续上攻，从而带动 MACD 指标线体继续向上，但是，在新高出现以后，指标却又马上形成死叉，在较短的时间里先后出现两次死叉否定了上涨的真实性。

只有空方力度能够与多方相抗衡的时候，死叉现象才会出现，而在较短时间内连续两次出现死叉则体现了空方力度的强大。因此，面对股价高位出现的双死叉，投资者应当做好出局的准备。

在股价上涨的高位区间，只要一个月内出现两次死叉便可以确认风险的到来。这种方法比较合适指标线处于中低位时的风险回避。经过一次验证的死叉可以更可靠地向投资者提示卖点的所在。

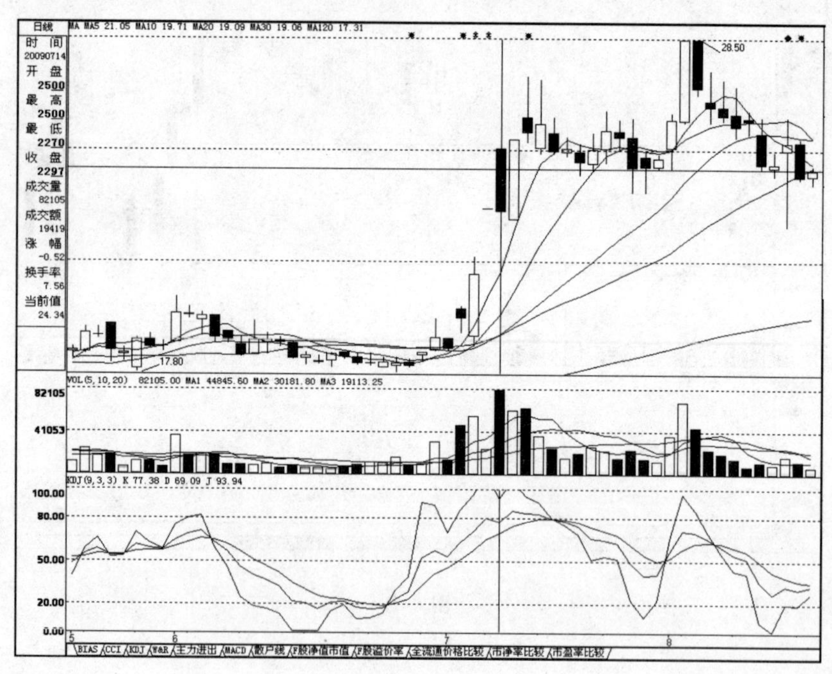

图 4-10

第三节 KDJ 指标最安全买点

KDJ 指标也是一款经典指标，这些能够经历市场洗礼，到现在依然为广大投资者使用的工具，可见其的确能够对投资者起到帮助的作用。相比 MACD 指标来讲，KDJ 指标更适合进行短线操作，由于指数反应非常灵敏，在日 K 线图中对中长线的操作无法起到很好的提示作用。因此，投资者在使用 KDJ 指标的时候一定要意识到，它适合于短线操作，而不能指导中长线的操作(周 K 线图除外)。

茂化实华(000637)

茂化实华(000637)2009年9月股价出现了短线快速下跌的走势(图4-11)，下跌过程中，阴线的实体都比较大，而阳线的实体则都较小，这种K线形态体现了空方力度的强大，在此区间如果投资者进行做多操作，资金亏损将会很严重。

大幅度的下跌以后，投资者应当意识到，股价未来将会有可能产生反弹上涨的行情。那么，反弹什么时候会出现呢？反应在KDJ指标上，就是金叉出现的时候，股价将很容易产生反弹。但是，由于KDJ指标反应较灵敏，只要股价略有上涨便会形成金叉，某种程度来说，会造成一定干扰，因此，需要通过一种方法去回避伪信号的出现。

KDJ指标的金叉任何数值区间都可能出现，但是最安全的金叉是在KDJ指标线数值低于20的时候，无论是什么股票，只要在20值以下形成KDJ指标金叉，股价往往都会有不同程度的上涨，因此，使用KDJ指标进行操作，应当注重那些在20值以下出现的金叉买入信号。

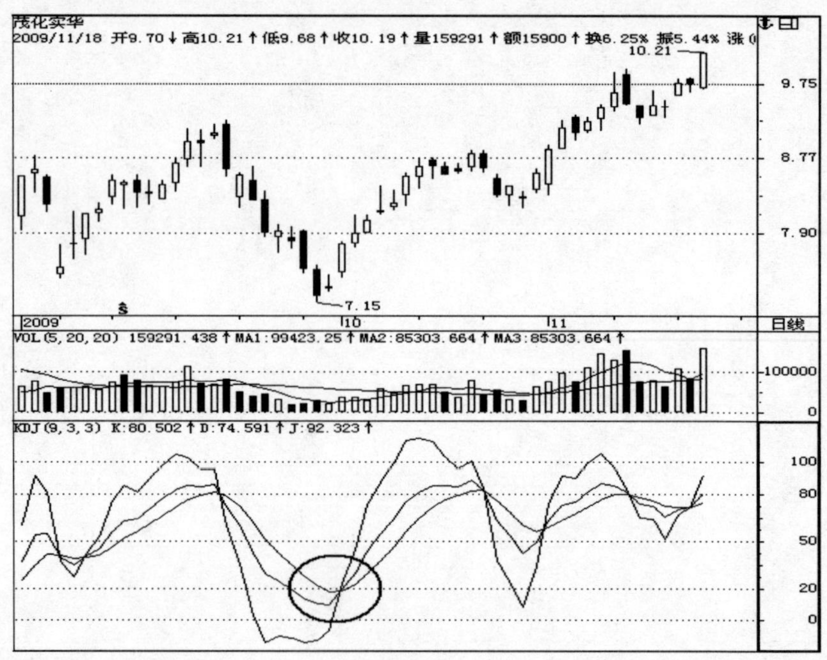

图4-11

罗顿发展(600209)

2009 年 9 月走势图(图 4-12)。

罗顿发展(600209)2009 年 9 月股价形成短线下跌的走势，回落至前期低点时，下跌停止，结合后期走势来看，形成双底形态。但是站在股价当时下跌角度，并不能说一定会形态双底。

在股价下跌至前低点处时，投资者需要做好两手准备，一是股价有可能破位，如果继续向下则不宜操作；二是股价有可能形成双底，因为波动的性质属于短线，因此，可以结合 KDJ 指标来判断股价的方向。

跌至前期低点后，KDJ 指标很快便形成了金叉买入信号，这说明股价结束下跌概率非常大。同时，KDJ 指标的金叉出现时的数值小于 20，这是非常安全的介入区间，投资者完全可以放心大胆地进行操作。

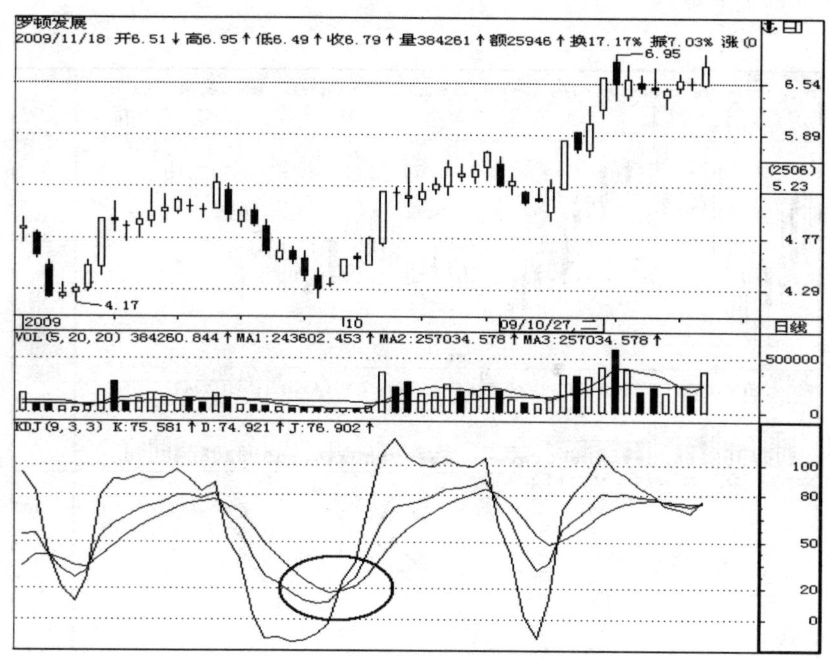

图 4-12

福成五丰(600965)

2009 年 9 月走势图(图 4-13)。

福成五丰(600965)2009 年 9 月股价短线下跌到前低点区间后止跌回升，同时，KDJ 指标很快形成金叉买点提示信号，由于金叉出现时指标线的数值均小于 20，因此，这种买入信号的安全性非常高。

KDJ 指标根据数值的不同分为几个区间，0～20 为超卖区间，20～80 为正常波动区间，80～100 为超买区间。超卖从某种意义上说意味着空方力度的已经变得极小，空方无力之时，多方很容易展开反攻。因此，在 0～20 数值区间产生的金叉意味着多头发力的开始。

之所以要求重视 0～20 区间形成的金叉，就是为了把握空方动能消耗已尽时多空的转折点，这个区间产生金叉的安全性比其他区间要高很多，获利的可能性也非常大。

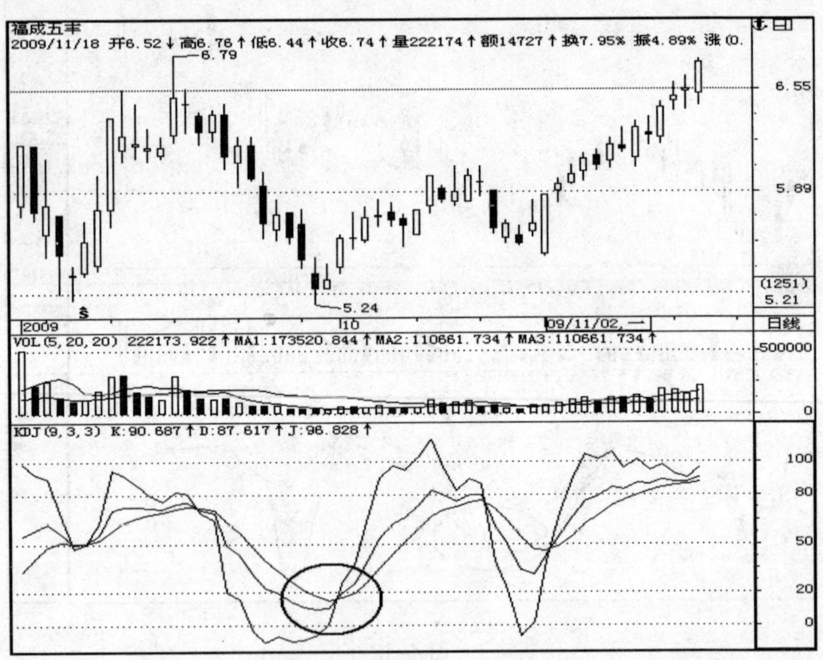

图 4-13

郑州煤电(600121)

2009 年 8 月走势图(图 4-14)。

郑州煤电(600121)2009 年 8 月股价形成连续下跌的走势，跌至第一个低点处时，股价短线止稳，但经过几天小幅上涨却又再度形成破位的走势，从 K 线走势来看，如果股价没有破位判断底部区间所在较为容易，但随着破位的出现想要确定底部区间所在还是有一些难度的。

在股价形成短线破位的时候，KDJ 指标却并未趋坏，而是形成了低点抬高的走势，在较短的时间内，指标线连续两次形成金叉，并且低点明显抬高，这与股价继续下行的走势形成了明显的背离。

指标先于股价形成上升趋势，往往意味着上涨行情的出现，因此，投资者可以在第二个抬高的金叉出现时入场进行操作。

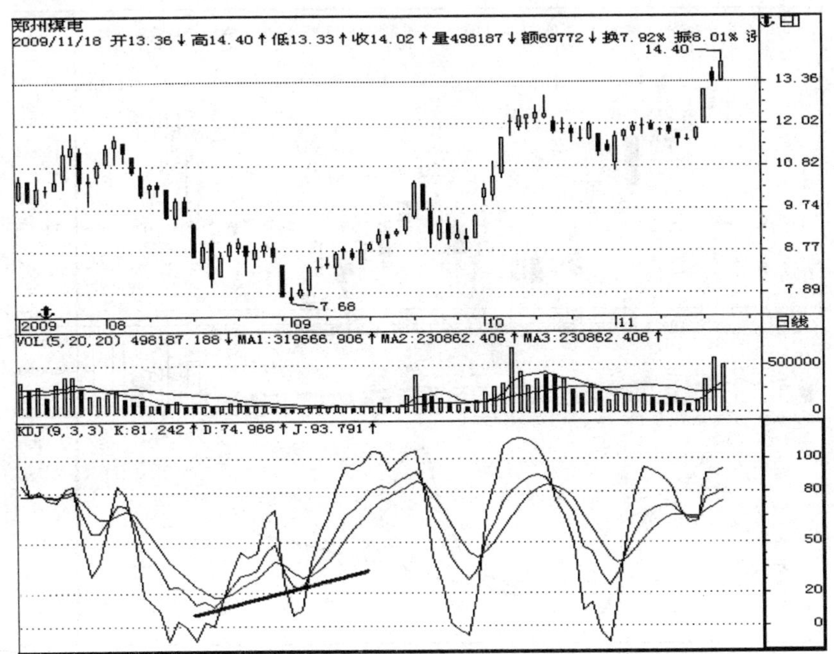

图 4-14

三全食品(002216)

2009年8月至9月走势图(图4-15)。

三全食品(002216)2009年8月至9月股价形成了双底形态，从K线形态上来看，股价并没有明显的上升趋势，但是KDJ指标却在此时先于股价形成了明显的上升趋势，并且在第二轮短线下跌后再次形成了金叉买点提示。

在股价连续下跌后的低点区间，投资者要对这种很短时间内先后两次形成的低点抬高的KDJ指标金叉现象引起重视，连续出现的金叉说明多方力度较为强大，而先于股价形成的上升趋势则更是向投资者提示了未来股价的波动方向。

在实战操作中，如果第一个金叉出现时的数值能够小于20，无论第二个金叉的数值是多少，都是非常值得投资者进行操作的。

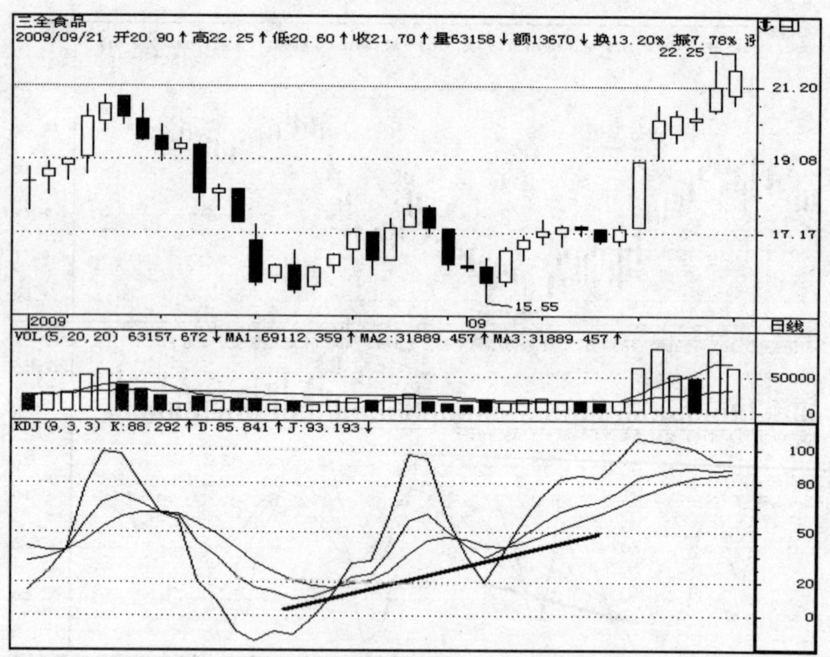

图4-15

第四节　KDJ 指标最高风险卖点

对于进行短线交易的投资者来说，时刻都要做到回避个股的高点，无论这个高点是会导致趋势的改变，还是只是引发短线的调整，都需要在高点区间进行卖出操作。短线操作不参与股价的任何调整，这与进行中长线操作有着极大的区别。

由于回避的是股价短线的高点，因此，使用 KDJ 指标就最合适不过了，无论是短线的低点还是短线的高点，KDJ 指标均可以向投资者进行准确的提示。

远望谷(002161)

远望谷(002161)2009年9月股价形成了短线大幅上涨的行情(图4-16)，连续出现的大阳线必然会使一些投资者陷入喜悦之中而忘却风险。无论是进行短线操作还是进行中长线操作，风险始终是不能丢的，否则，忘却风险的代价是极为沉重的。

在股价短线上涨的过程中，KDJ指标始终保持着多头趋势，指标线坚挺向上，这是在提示投资者应当坚持持股。而在股价上涨到了高点，还未明显下跌时，KDJ指标随之形成了死叉，指标死叉的出现，意味着股价要么反转趋势，要么将会形成调整走势，而无论出现哪一种波动状态，投资者都没有必要再继续持股。

KDJ死叉会在任何数值区间出现，但是，如果出现死叉时，指标线数值超过80，将意味着该区间有较大的短线风险，超过80值形成的死叉是短线投资者必须要回避的走势之一。

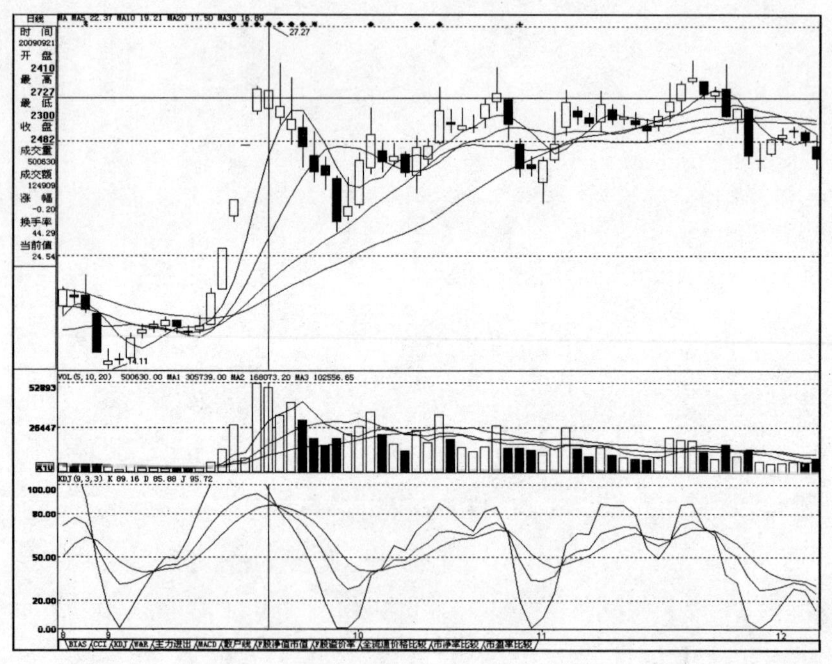

图4-16

浙江东日(600113)

2009年9月走势图(图4-17)。

浙江东日(600113)2009年9月股价见底以后，形成了短线上涨的走势，上涨过程中，阳线的实体较小，这说明多方的力量略有不足，在股价上涨的过程中，KDJ指标始终保持着多头趋势，指标线的连续向上是一种提示持股的信号。

在股价上涨到高点后，KDJ指标数值也超过了80，一旦指标数值超过80，投资者就需要随时留意死叉是否将会出现。指标在高位略作停留便形成了死叉，高数值区间形成的死叉意味着股价后期下跌的概率将会是极大的，进行短线操作的投资者必须要在此时及时离场回避风险。

从该股走势来看，股价的涨幅并不是很大，而第一个案例的涨幅却较大，但KDJ指标的变化形态却基本一致。这种现象是正常的，因为KDJ指标无法衡量股价涨幅的大小，仅能反映当前股价所处价位的高低，如果股价位置过高，自然出现回落的可能性也将会较大。

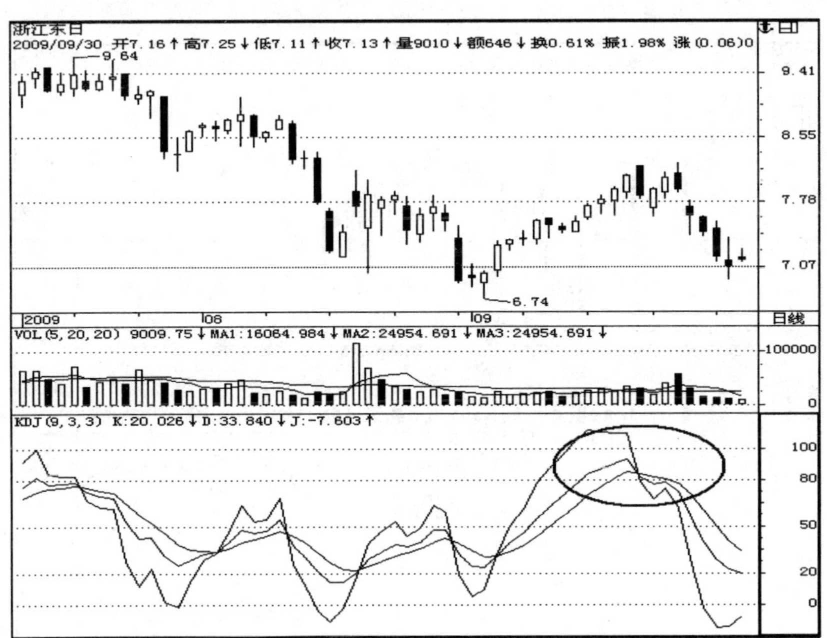

图4-17

华发股份(600325)

2009年9月至10月走势图(图4-18)。

华发股份(600325)2009年9月至10月股价形成了两次小形态的V形底，每一次见底后KDJ指标均形成了低位金叉买点，同时，在股价上涨的过程中，指标线也始终保持着多头排列的状态，这是在不断地提示投资者应当坚决持股。

当股价经过一定幅度的上涨到达高位以后，KDJ指标均形成了死叉，并且股价也在死叉后出现了不同幅度的下跌。虽然在K线图中股价二次高点的位置各不相同，但在KDJ指标的反应中均有一个共性，那就是高点区间，KDJ指标均进入了80值的超买区间，同时，在风险区间形成了死叉现象。

指标进入超卖区间后，如果股价继续上涨，指标将会钝化，但从历史的走势来看，就算形成钝化现象，持续的时间也并不会很长，而更多的则是指标进入到超买区间后，股价后期都很容易出现回落，因此，这是一种很可靠的卖出方式。

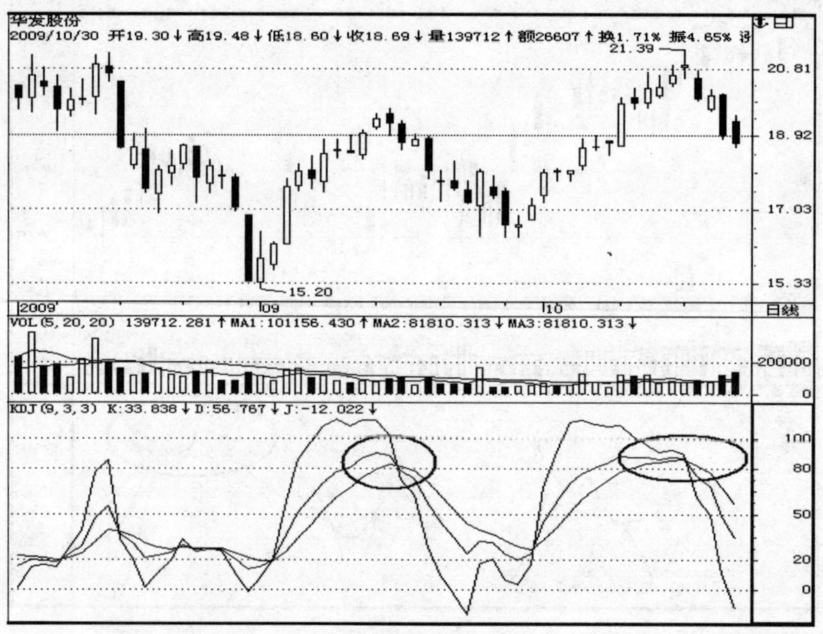

图 4-18

兖州煤业(600188)

2009 年 7 月至 8 月走势图(图 4-19)。

兖州煤业(600188)2009 年 7 月期间，股价上涨到高点后，KDJ 指数于高数值区间形成了第一个死叉，随后股价出现短线调整走势。经过三天调整后，股价再度上涨并创下新高，但是由于 KDJ 指标依然处于高数值区间，因此，仍然不能掉以轻心。

三天上涨结束后，KDJ 指标随着股价的回落又一次形成了死叉的现象，从图中走势来看，个股高点出现抬高迹象，但是 KDJ 指标的高点却形成下降趋势，指标的波动形态与股价的波动形态形成了一升一降的背离走势。

正常情况下，指标均会先于股价形成某种趋势，从而促使股价后期按照这个趋势波动，高点区间的二次死叉说明空方已占据市场主动，因此，在股价明确的下降趋势还未形成的时候，应当在第二个死叉出现时及时离场卖出手中的股票。

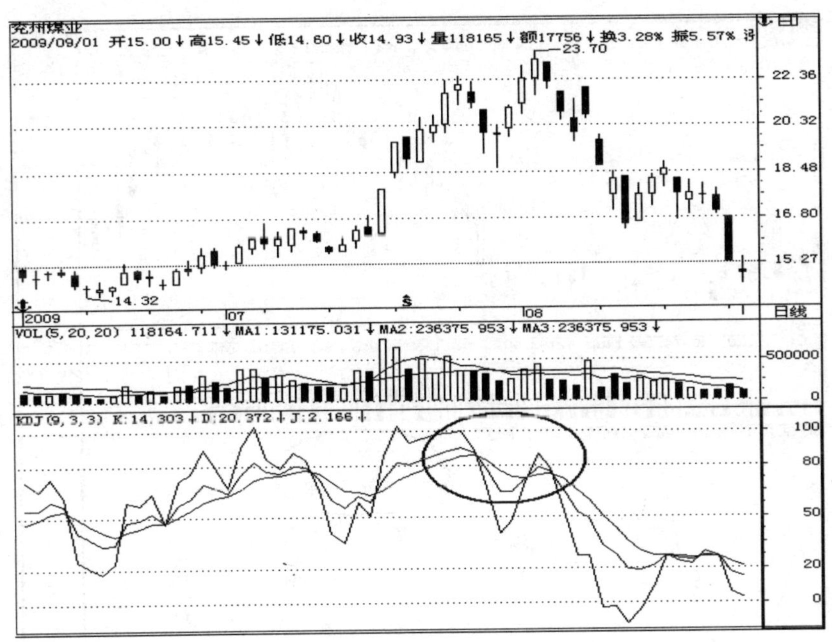

图 4–19

彩虹股份(600707)

彩虹股份(600707)2009年7月股价出现了连续上涨的走势(图4-20)，随着股价一步步的走高，KDJ指标也进入了超买区间(数值高于80)，在这种情况下，投资者一方面要顺势而为，另一方面也要随时留意股价有可能产生的回落。指标数值进入80以上区间时，只是一种风险的警惕信号，只要没有出现死叉现象就不必急于卖出股票。

上涨到高点区间以后，KDJ指标在较短时间内先后两次形成死叉，并且这两次死叉出现时指标数值均高于80，这是一种更为明显的风险信号，必须要引起重视。从彩虹股份的走势来看，股价形成了上升的趋势，但KDJ指标却形成了水平波动的状态，并未配合股价向上，这也属于一种背离状态。

KDJ指标形成二次死叉以后，股价在后期出现了一轮连续下跌的走势。一次死叉便很容易引发股价的调整，更何况是二次死叉。在这两次先后出现的死叉中，无论那次死叉数值位于80以上，都是最为明显的风险性信号。

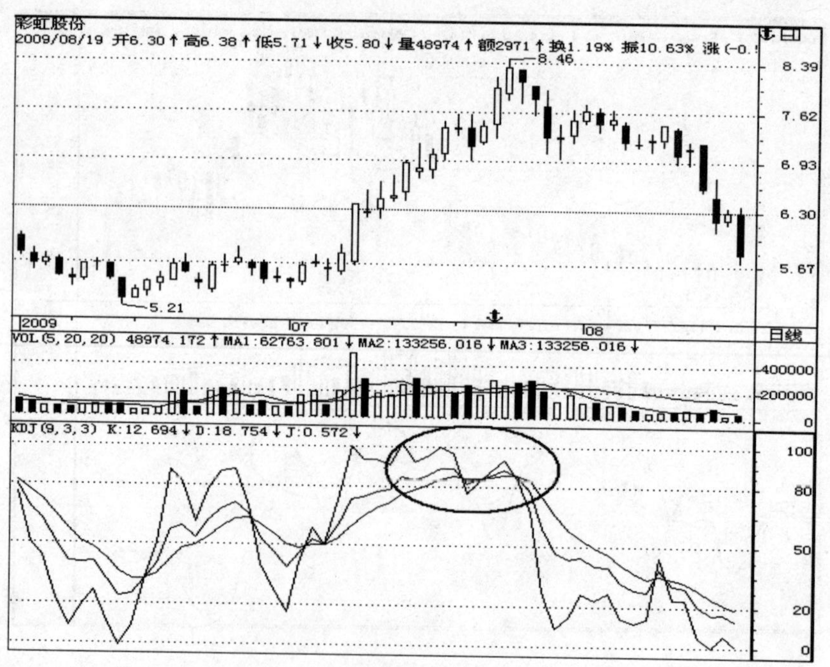

图4-20

第五节　巧用布林线高抛低吸点

布林线指标也是一款经典的指标，它不仅可以反映股价波动趋势的变化，还可以向投资者提示压力位与支撑位的所在，基于此特点，利用布林线指标最适合进行高抛低吸的操作。

使用布林线指标进行高抛低吸操作需要注意的是：

(1)进行高抛时，要求同期布林线指标中轨保持下降趋势或是横向趋势，一旦股价触及布林线上轨便可以择机卖出，进行高抛操作；

(2)进行低吸引，要求布林线指标中轨保持上升趋势，一旦股价回落至下轨时，便可以进行低吸操作。

银轮股份(002126)

2009年9月走势图(图4-21)。

银轮股份(002126)2009年9月股价形成了短线上涨的走势，当股价形成上升趋势的时候，投资者总是会希望能够提前了解到什么位置将会是压力位，根据传统的分析方法来讲，前期的高点或是重要大阴线、大阳线的区间都会产生压力，这些压力是一个相对较宽的区间性概念，但是，如果使用布林线指标，压力位就可以很容易判断出现。

图中股价上涨至布林线上轨时，便受到压力，从而产生了回落，由于布林线上轨的数值事先存在，并且在股价波动时并不会太大变化，因此，压力价可以很经典地判断出来。在股价大的上升趋势没有形成时，利用股价触及布林线上轨进行卖出，可以取得很好的实战效果。

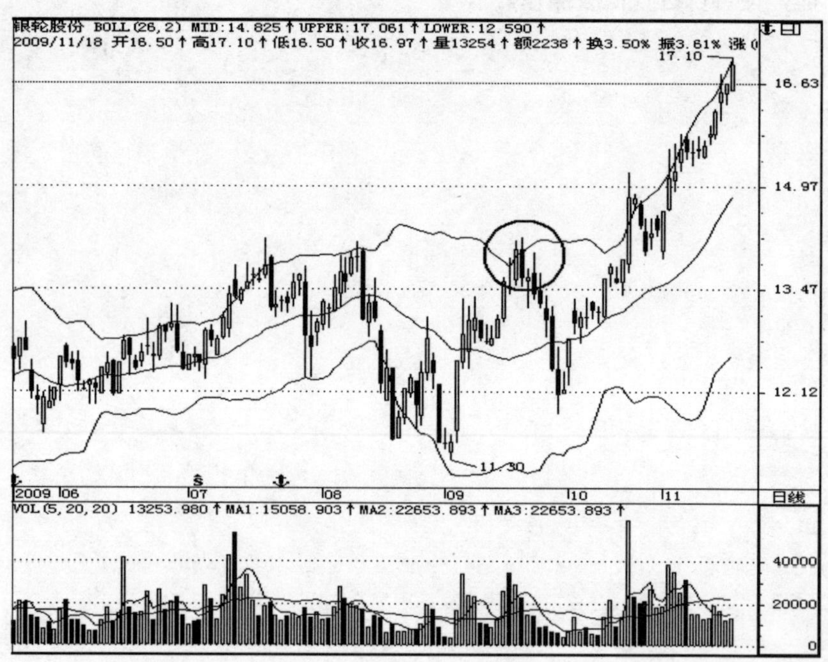

图4-21

汇通能源(600605)

2009年9月走势图(图4-22)。

汇通能源(600605)2009年9月，股价经过短线快速下跌后出现反弹上涨的走势，按照传统的分析方法，理论上的压力位应当在7月份下影线处，因为这是下跌形成时的重要低点。

但是股价并未上涨至该位置，利用传统压力位分析将会存在一定的判断失误(当然，这并不能全面否定传统压力位的有效性)。传统压力位所在要进行分析，同时，如果能够结合布林线指标综合分析效果就更好了。

股价在上涨的时候，布林线指标并未形成明确的上升趋势，这说明大的下降趋势还未明确得以改变，在这种情况下，布林线上轨将会存在重大的压力，一旦股价后期上涨至布林线上轨处时，便意味着短线卖点的出现。从实际效果来看，股价果然上涨至布林线上轨处时受压回落。掌握这种操作方法，可以有效地帮助投资者回避局部高点产生的风险。

图4-22

永鼎股份(600105)

2009 年 8 月至 9 月走势图(图 4-23)。

永鼎股份(600105)2009 年 8 月至 9 月股价在大上升趋势明确的情况下，出现了两轮短线快速下跌的走势，每一次下跌过后股价又形成了恢复性的上涨行情，如果将这两轮下跌行情的低点把握住，实现的盈利将会增加许多。

在股价下跌的过程中，布林线指标中轨依然保持着上升的趋势，这说明整体上升趋势并未改变，在这种情况下，只要股价回落至布林线下轨时，便可以择机做多。从图中的走势来看，这两次下跌的低点具有相同的共性：无论哪次下跌，中轨均保持上升趋势，同时，下跌的低点恰位于布林线下轨的支撑处。

掌握这种操作方法，可以帮助投资者在大上升趋势中，把握小级别调整低点的盈利机会。

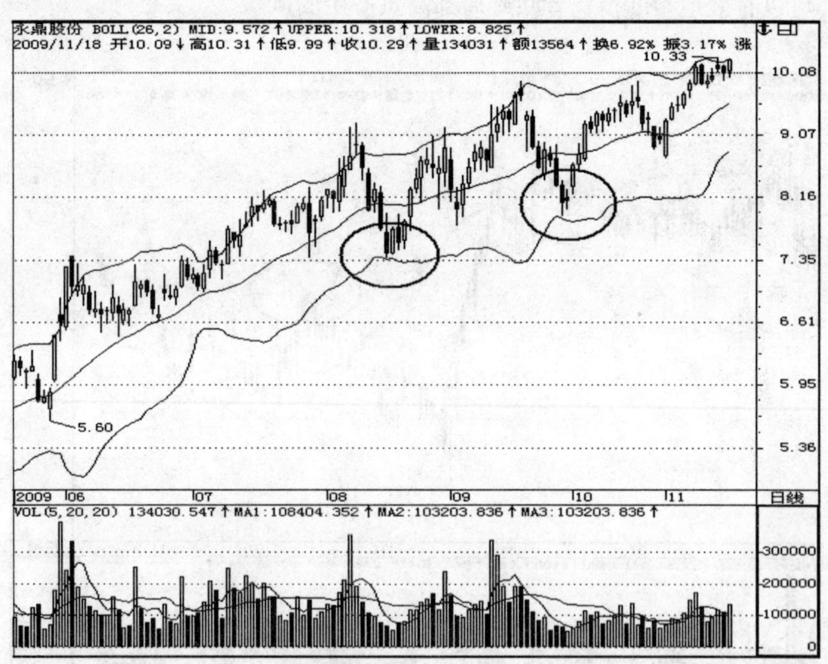

图 4-23

航民股份(600987)

航民股份(600987)2009 年 8 月股价的整体趋势明确向上（图 4-24），此时布林线中轨以及上升趋势也形成了上升的趋势，在这种情况下，投资者应当顺大势而为，大上升趋势中出现的小级别调整均可以视为短线低吸的机会。

上涨中途，股价出现了二次短线快速下跌的走势，下跌结束后，均出现快速的上涨，可见，大趋势形成后小的反向趋势的确会带来盈利的机会。那么，应当如何对这两次回落进行低吸操作呢？

首先，要看一下布林线中轨的趋势，此时布林线中轨向上，因此，操作的方向应当是逢低买入。其次，注重下轨的支撑，只要股价回落至下轨附近时，便可以进行买入操作。

股价向下轨靠近的方式有三种：第一种是低点恰与下轨完全一致，第二种是距离下轨还有小幅的空间，第三种是快速跌破下轨，但又马上回归到下轨之上。无论哪一种靠近下轨的方式，都可以用来进行低吸操作。

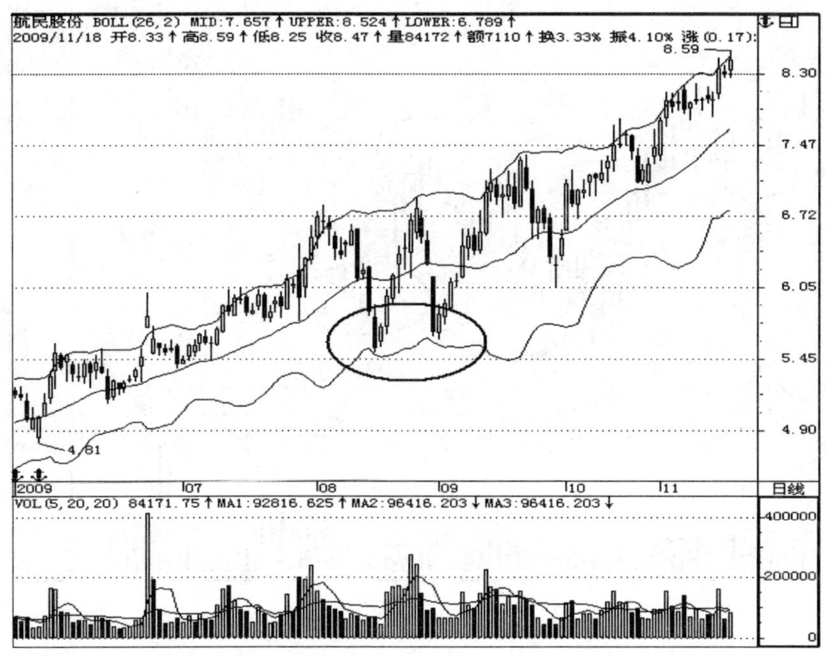

图 4-24

深南电 A(000037)

2009 年 9 月走势图(图 4-25)。

深南电 A(000037)2009 年 9 月股价下跌以后出现反弹上涨的走势，由于在上涨过程中，布林线中轨并未形成上升趋势，因此，投资者要注意上轨的压力，一旦股价上涨至上轨附近时，便需要考虑逢高卖出股票。

上轨压力发挥作用以后，股价出现了下跌，在下跌的过程中，布林线中轨形成拐头向上的走势，这种走势意味着，一旦股价回落至下轨附近时，投资者便可以逢低进行买入。在股价回落至下轨处时(略有一些空间，并未完全触及)，一轮短线上涨行情随之出现。

2009 年 10 月的上涨股价再次触及布林线上轨，此时投资者就不能再进行高抛操作了，因为布林线中轨明确向上，是一种提示大方向的信号，因此，此时应当顺大势坚定做多。

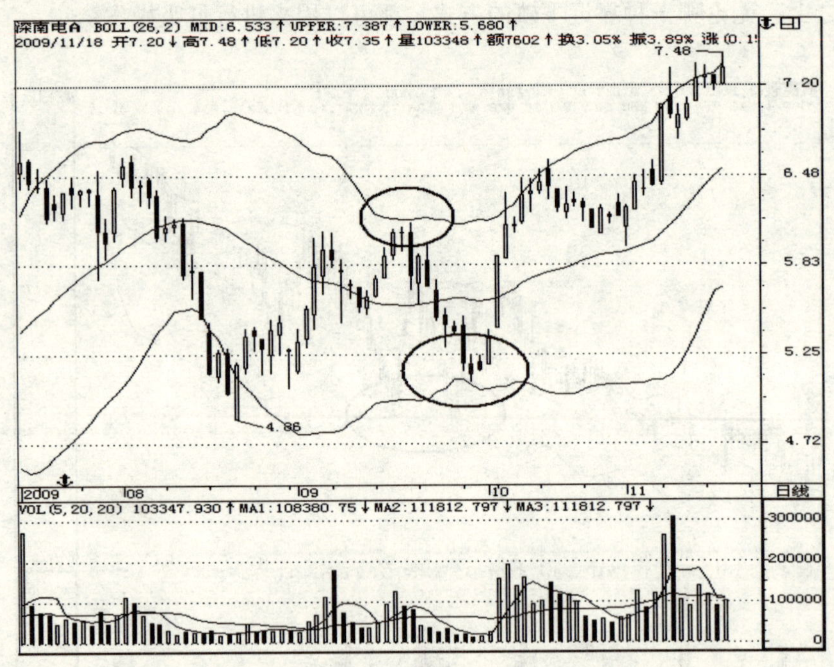

图 4-25

第五章

综合实战

以上章节为各位读者讲解了许多实战中经常会使用到的分析方法，下面结合一些具体个股案例，将讲解的方法运用于实战之中。同时，也希望各位读者朋友将本书中的方法多引入到其他个股中，看看不同个股之间是否存在共性，以便在后期行情中可以更好地运用这些分析与实战的方法。

为了方便各位读者朋友的学习，列举的案例走势均较为经典，而对于一些走势存在一定变化的个股，大家也要注意各个波动细节方面的差别，总结这些细节之间的差别也是一种学习与提高的重要方式。

第一节　长春燃气实战图解

长春燃气自 2009 年 8 月见底以后，股价整体形成了震荡上涨和加速上行的走势，这种走势较为常见，每轮行情中均会出现这种类型的走势，因此，投资者需要对股价波动过程中的各个细节走势进行学习，以便在未来行情中能够把握住这种波动类型个股带来的盈利机会。

长春燃气(600333)

2009年8月走势图(图5-1)。

长春燃气(600333)2009年8月，在下跌末期K线虽然创下了新低，但从KDJ指标提示来看，却形成了低点抬高的迹象，这种走势意味着股价底部的到来。当然，由于KDJ属于短线指标，因此，可以先将底部性质视为短线底。

投资者在实战操作过程中，一定要多结合KDJ指标的低位双金叉方法进行选股，它往往可以非常及时准确地告诉投资者变盘区间所在。

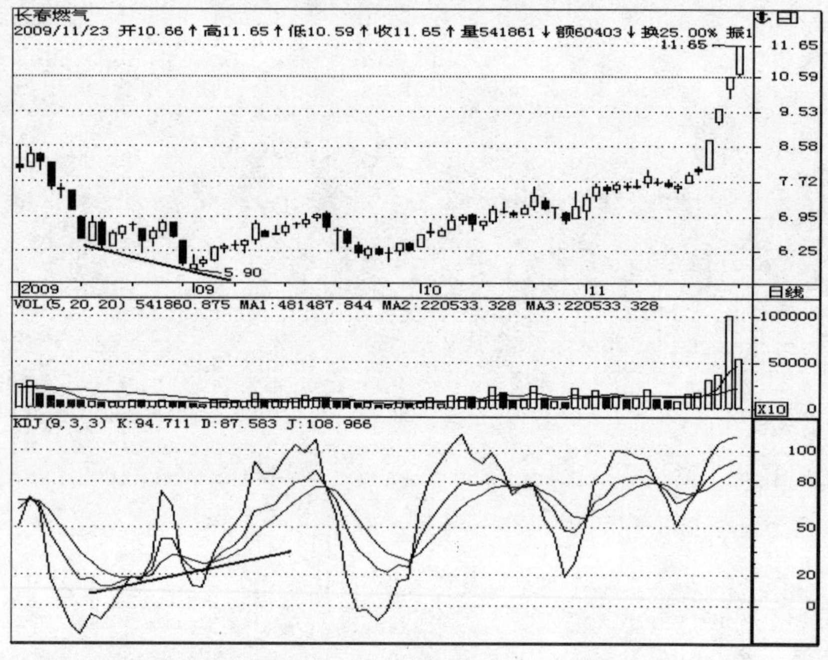

图5-1

长春燃气(600333)

2009 年 9 月至 10 月走势图(图 5-2)。

长春燃气(600333)2009 年 9 月至 10 月，股价见底以后形成连续小幅上涨的走势，经过一段时间上涨后，出现短线回落，但从 K 线形态来看，低点呈现抬高迹象，形成了强势 W 底形态。

调整结束后股价再度温和上涨，并且突破了 W 底的颈线位，虽然在突破颈线位时股价出现三天短线调整，但从 MACD 指标的多头趋势来看，这三天的调整并没有什么异常，投资者依然可以择机做多。

在股价突破颈线时，便可以以适当仓位开始买进股票，之所以不能重仓介入，是因为突破点股价的上攻力度不算太足。

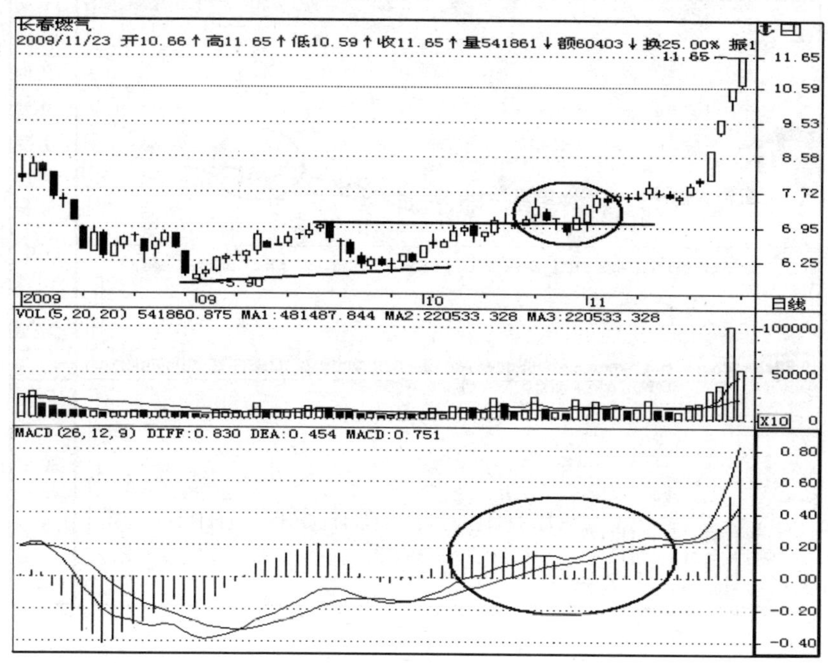

图 5-2

长春燃气(600333)

2009 年 10 月末走势图(图 5-3)。

长春燃气(600333)2009 年 10 月末，股价位于颈线位出现的三天调整，结合 MACD 指标的提示，这三天的波动并未改变指标的多头变化。同时，如果结合移动均线来看，股价调整的低点受到了 20 日移动均线的强大支撑。在股价受到均线支撑的位置，投资者可以考虑加仓。

调整的出现使股价留下了一个小高点，这个高点是很重要的，一旦股价后期再对该高点形成突破，则可以再度进行加仓操作。股价突破调整高点进行加仓是一种常用的买入技术。

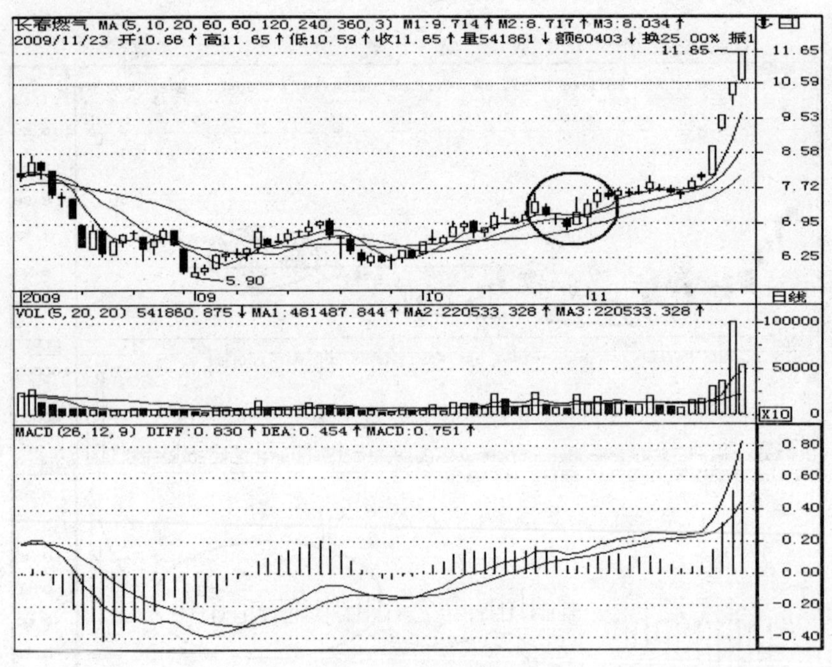

图 5-3

长春燃气(600333)

2009 年 11 月走势图(图 5-4)。

长春燃气(600333)2009 年 11 月，经过一段时间的小幅震荡，股价于 11 月中旬收出了第一根涨停大阳线。这一根大阳线所起的作用是促使股价强势上涨的出现。

这一根涨停大阳线是股价见底以来的第一个涨停，同时，涨停出现时股价所处的位置也较低，因此，虽然当天涨幅较大，但整体安全性却非常高。低点未建仓的投资者在这一天完全可以积极地进行追涨操作。

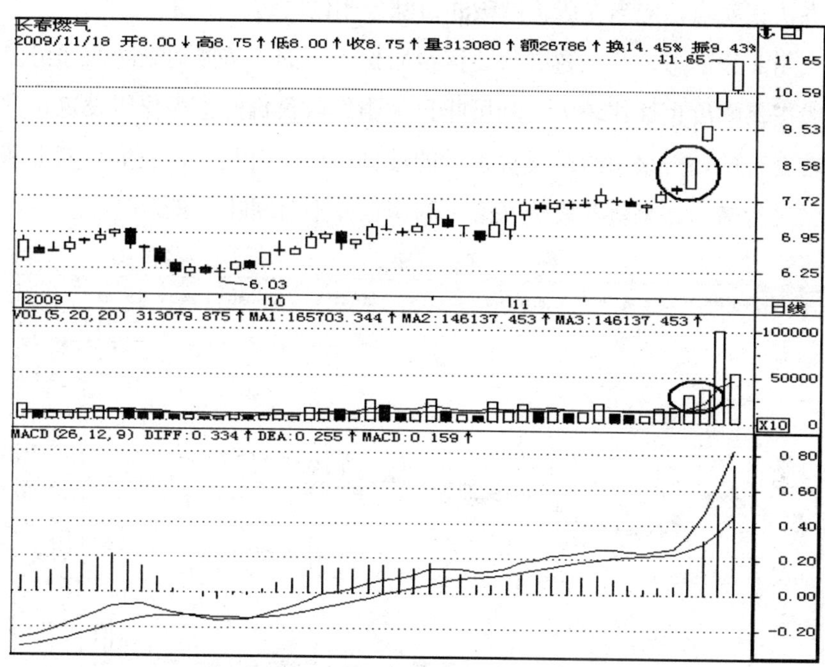

图 5-4

长春燃气(600333)

长春燃气(600333)2009年11月(图5-5)，股价经过短线上涨以后，接下来的问题便应当如何进行卖出了。

由于当前股价依然保持着明确的上升趋势，而后期出现什么样的K线形态也是不能提前预知的，因此，如何卖出应当提前制定出大致的方针，而具体的实施还要再根据盘中的走势决定。

在股价涨高以后，可以关注KDJ指标的变化，目前KDJ指标处位于80值以上，一旦在高数值区间形成死叉，投资者就应当考虑卖出。如果结合K线形态决策卖点，应当在股价跌破昨日涨停阳线时进行止盈。

利用K线形态进行止盈必须要留给股价一定的正常波动空间，强势上涨的个股震荡幅度也往往较大，利用昨日大阳线收盘价的支撑作用设定止盈位是比较合理的，一来留给了股价正常的波动空间，有利于在股价后期上涨时避免错过行情；二来就算股价回落，利润也并不会回吐太多。

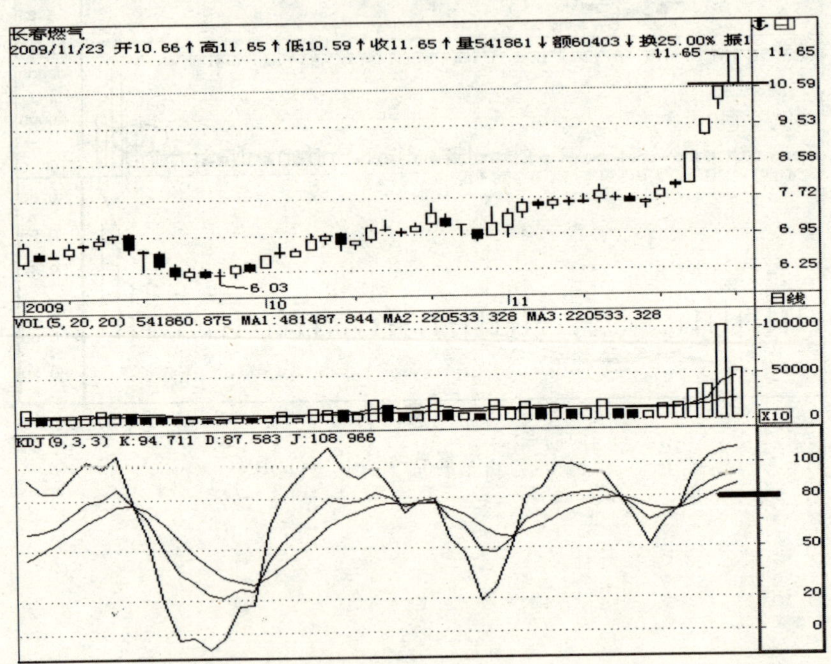

图 5-5

第二节　广州药业实战图解

广州药业股价在底部经过一段时间震荡后，在主升浪期间出现了上涨、强势调整、再上涨的走势。这种波动形态也是较为常见的走势，投资者需要掌握主升浪期间应当如何利用大阳线进行买入的方法。

广州药业(600332)

2009年8月至10走势图(图5-6)。

广州药业(600332)2009年8月至10，股价下跌以后出现了连续震荡的走势，从K线形态来看，形成了标准的多重底走势，三个低点均在同一价位处。在股价形成多重底的过程中，投资者需要考虑一个问题：为何股价总是无法形成破位?

在股价低点震荡的过程中，KDJ指标形成了低点抬高的走势，MACD指标也先于股价形成了上升趋势。两个不同性质的指标均向投资者发出了相同的提示：股价未来上涨的概率非常大。

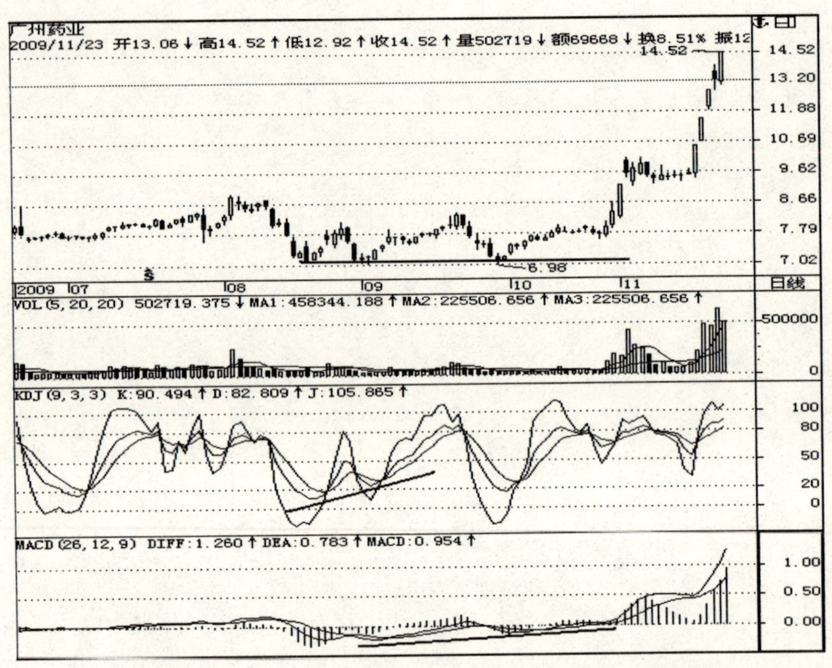

图5-6

广州药业(600332)

2009 年 9 月至 10 月走势图(图 5-7)。

广州药业(600332)2009 年 9 月至 10 月，由于股价于低点形成了标准的多重底，因此，投资者就应当习惯性地画出颈线所在，以便决策未来买点的所在。

多重底形态中的两个小高峰是高点抬高的，因此，颈线位将有两种画法。连接两个高点，引出一条直线(图中粗线)，未来股价突破这条直线时便是买入时机。

或者将最高的那个小高峰画一条直线(图中细线)，这也是颈线位所在，一旦股价突破该颈线位便可以入场进行操作。

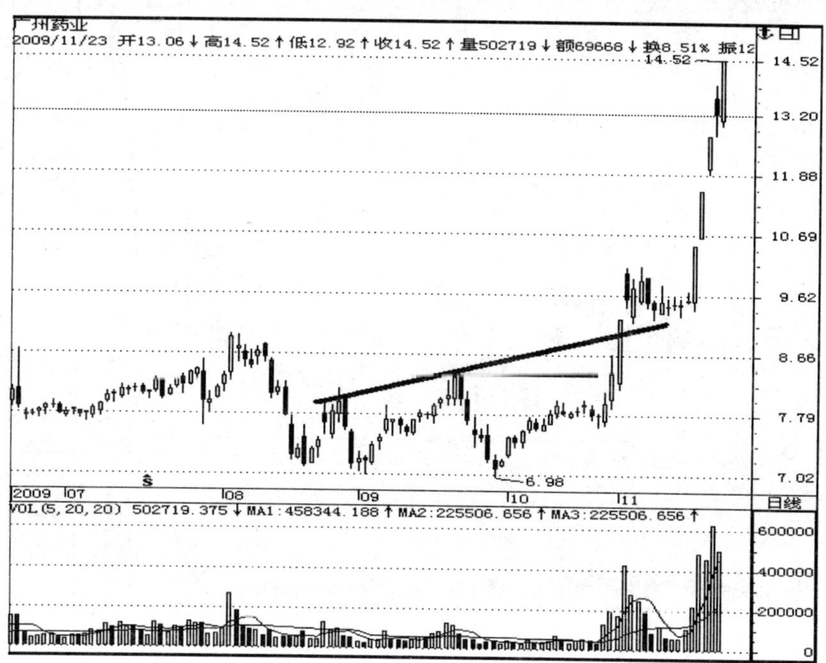

图 5-7

广州药业(600332)

2009 年 10 末月走势图(图 5-8)。

广州药业(600332)2009 年 10 末，预先根据颈线位确定好买点以后，接下来的事情就是等待了，等待股价形成明确的起涨，然后满足买点要求从而入场建仓。

在成交量放大的推动下，一根大阳线随之出现，这一根大阳线一举突破了三个重要压力：两条不同状态的颈线压力，以及前高点的压力。

大阳线既然起到了突破的作用，投资者也就应当在此时积极地进行建仓操作。

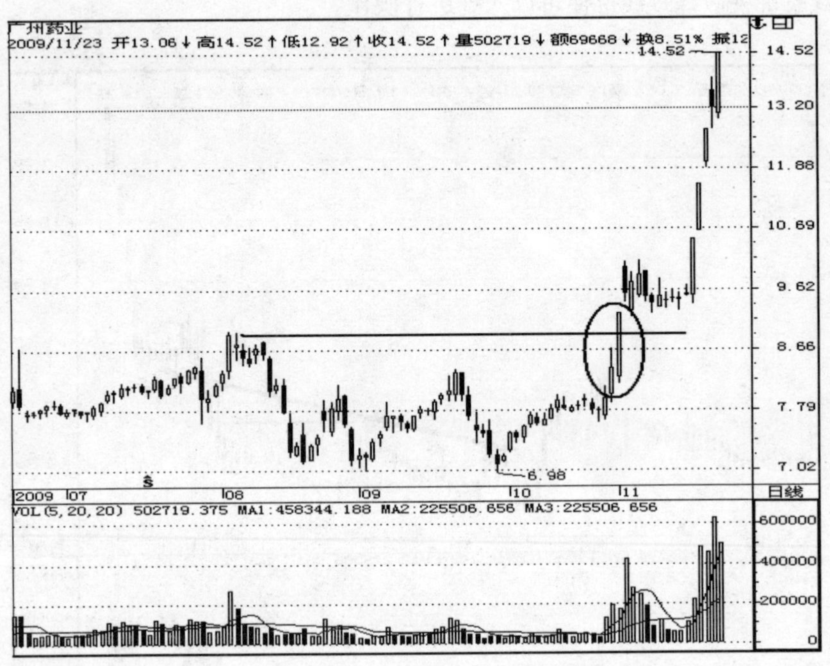

图 5-8

广州药业(600332)

2009 年 11 月走势图(图 5-9)。

广州药业(600332)2009 年 11 月，收出具有突破作用的大阳线以后，股价并未马上形成快速上涨的走势，而是进行了几天的横盘波动。此时，大阳线的收盘价对调整区间的低点起到了强大的支撑作用，这种技术形态是股价强势上涨过程中经常见到的。支撑不破，上涨将会延续。

经过几天的横盘，又一根大阳线再度出现，突破现象也随之形成，如果错过了第一根大阳线买入机会，在这一根大阳线出现时，就绝不能再犹豫了。这一根大阳线出现以后，一轮短线大幅上涨的行情随之出现。

利用简单的方式成功地实现了盈利，由此可见，能够赚钱的方法未必都是有难度的，大道至简！

图 5-9

广州药业(600332)

2009年11月走势图(图5-10)。

广州药业(600332)2009年11月，股价形成短线大幅上涨以后，随着股价的位置越来越高，投资者的风险意识也就需要提高。

快速上涨个股的顶部往往有两种形态，要么形成震荡顶，要么形成A字顶。形成震荡顶进行卖出机会将会很多，但是如果形成A字顶，高点卖出的机会将只有一个。因此，为了防止意外，将昨天阴线上影线设为止盈位，或将昨天K线的整体范围设为止盈位(根据投资者对风险的接受能力)，一旦股价跌破预先设好的止盈位，必须清仓出局。严格遵守纪律是实现盈利的根本保障。

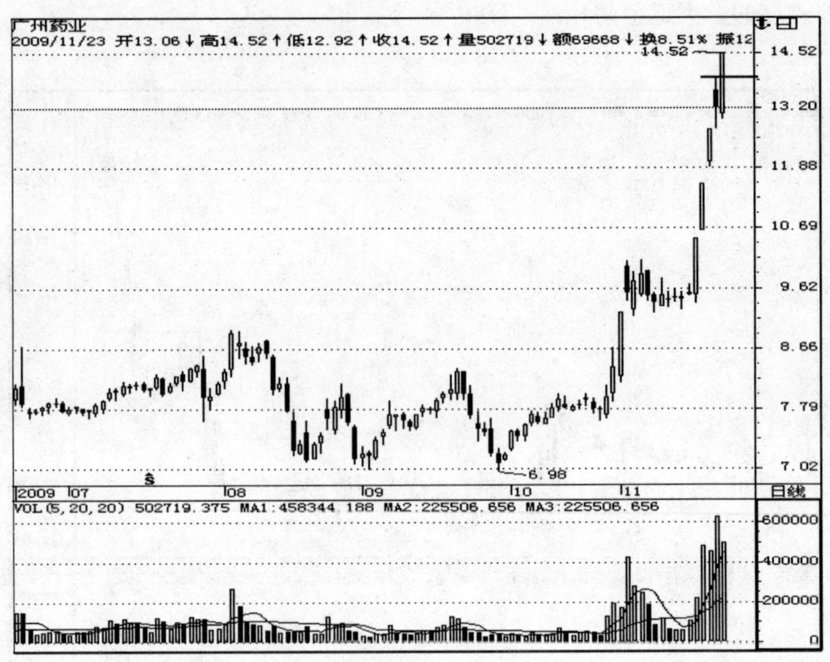

图5-10

第三节　金飞达实战图解

金飞达见底后的波动较大，在主升浪到来之前给投资者提供了一次高抛低点的短线操作机会。这样的走势是最常见的波动形态，投资者可以结合 K 线形态与各项指标轻松地完成操作。

金飞达(002239)

2009年8月至9月走势图(图5-11)。

金飞达(002239)2009年8月至9月，股价进入底部区间以后，形成了小形态的W底走势，同时KDJ指标低点抬高的背离走势提示了短线做多机会的到来。

无论是大形态的W底还是小形态的W底，只要股价向上突破颈线，便可以进行买入操作。大形态W底突破颈线后将会产生大波段的上涨行情，小形态的W底突破颈线后的上涨则多为短线性质。根据形态级别的大小可以较为准确地判断出未来股价上涨的性质。

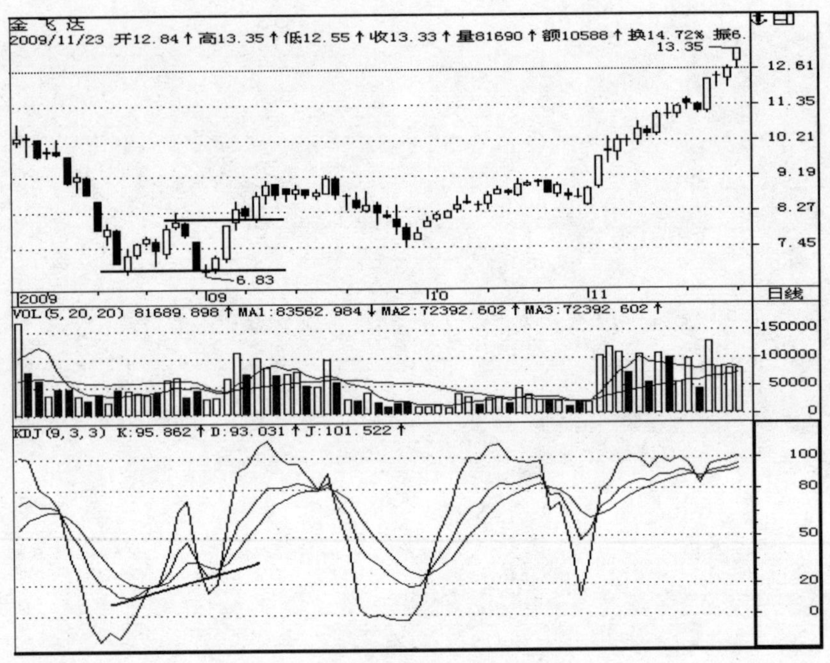

图5-11

金飞达(002239)

2009年9月走势图(图5-12)。

金飞达(002239)2009年9月，股价突破颈线进行买入后果然出现了短线上涨的走势，此时就需要做出短线卖点的判断。

在股价上涨的高点，收出了空头反攻K线，阴线吃掉阳线意味着空方有能力与多方抗衡，这是标准的短线卖出信号。

随着股价短线上涨，KDJ指标数值已超过80，并且在高数值区间形成了死叉，同样向投资者发出了股价调整的信号。结合K线形态与指标提示，完全可以把握住第一轮短线上涨高点的卖出机会。

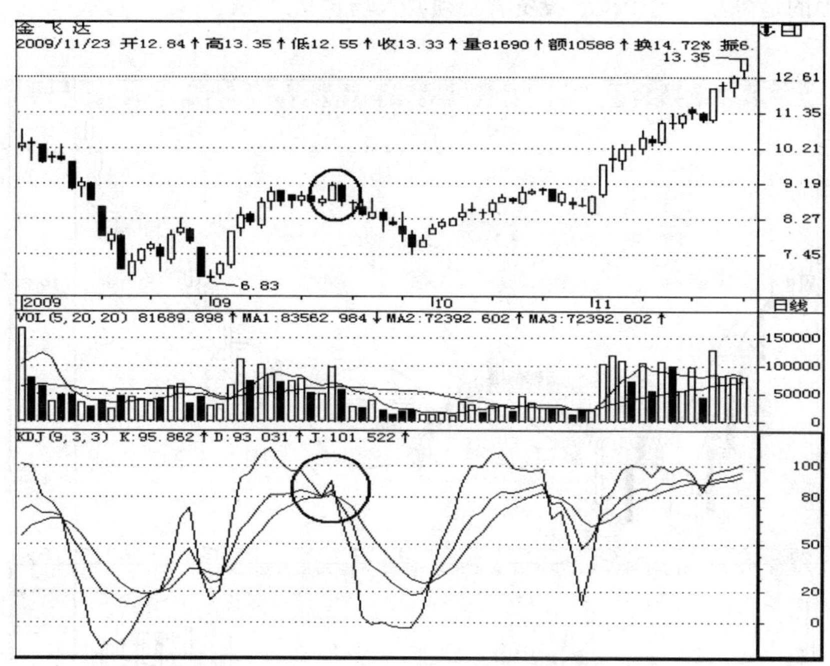

图5-12

金飞达(002239)

2009年10月至11月走势图(图5-13)。

金飞达(002239)2009年10月至11月，股价调整结束以后再度上涨，在上涨过程中，又将面临买点的决策问题，这个时候，除了指标可以起到帮助作用外，移动均线也可以准确地提示投资者应当于什么位置建仓。

在股价上涨的过程中，形成了两次金叉买入信号。虽然金叉出现时的位置各不相同，但股价最终的走势结果却是相同的。

第一次的金叉为常见的金叉，在股价上涨初期形成的。第二次的金叉为强势金叉，金叉出现的位置在20日均线上方，并且此时20均线已形成拐头向上的走势，在这个位置投资者必须要入场建仓。

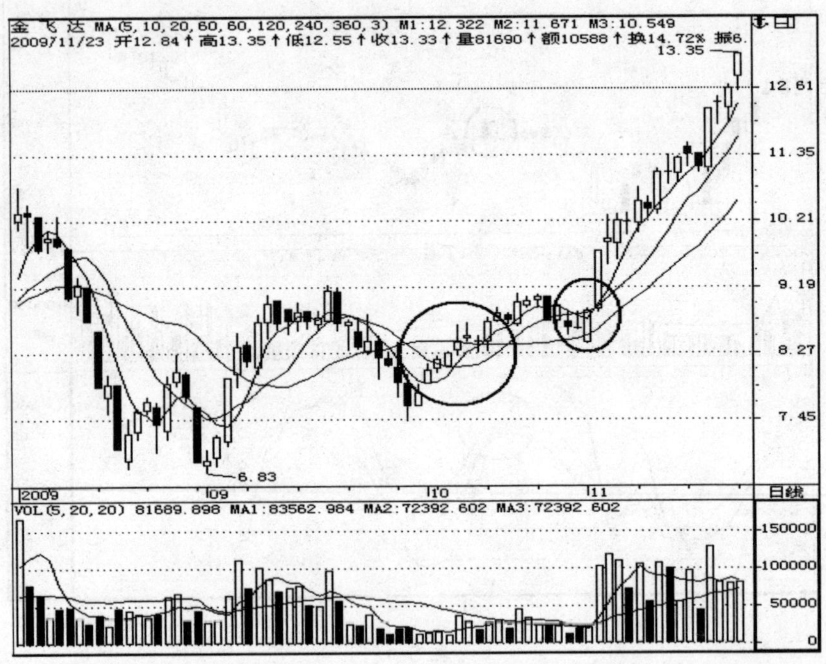

图5-13

金飞达(002239)

2009 年 11 月走势图(图 5-14)。

金飞达(002239)2009 年 11 月，除了要学会利用移线与技术指标决策买点所在以外，还需要结合 K 线形态判断买点的位置。

由于见底后的第一轮上涨留下了一个高点，因此，这个高点可以视为大波段行情起点的参照，如果股价向上突破调整高点，则可以入场建仓。

经过几天短线调整后，一根放量大阳线出现，它坚决地突破了前期的高点，成交量放大说明资金正在积极地建仓，量价配合在这一天显得如此完美。

通过上述讲解可以看到，股价上涨的过程中，无论是 K 线形态，还是指标，都可以及时地发出买点信号，只要投资者掌握了这些操作的技术，实现盈利并不困难。

图 5-14

金飞达(002239)

2009 年 11 月走势图(图 5-15)。

金飞达(002239)2009 年 11 月，股价连续上涨以后，何时卖出又成为了新的问题。

结合之前两个案例的讲解，投资者应当已经学会将昨日 K 线的收盘价设为止盈位的方法。这种方法的有效性是非常明显的。

其次，还可以使用移动均线进行止盈。从图中可以看到，股价在上涨的过程中，K 线始终位于 5 日均线的上方，因此，将 5 日均线视为股价强弱波动的分水岭，只要 K 线没有跌破 5 日均线，便可以一路持股，而一旦跌破则需要卖出股票进行止盈。

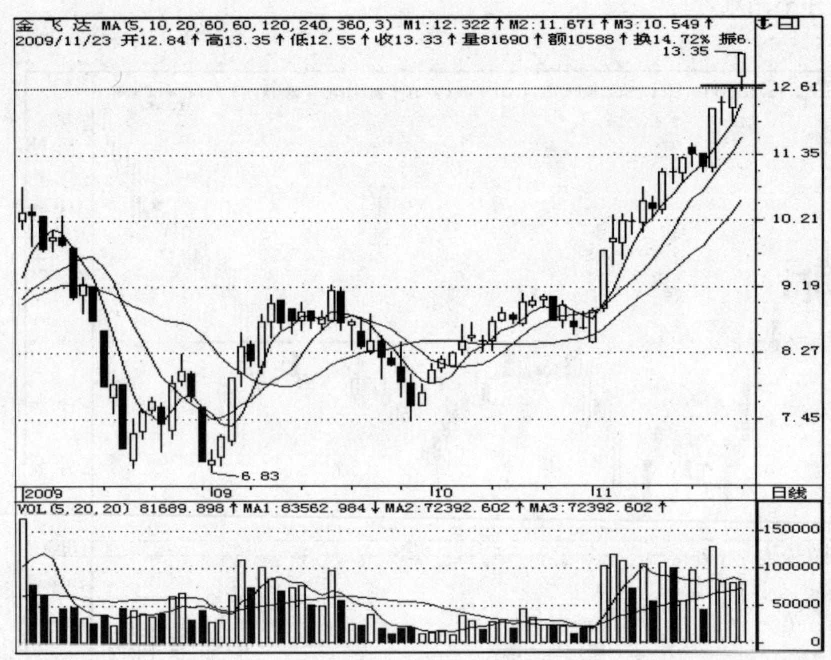

图 5-15

第四节　惠泉啤酒实战图解

惠泉啤酒股价见底以后，形成了宽幅震荡的走势，这其中为投资者提供了极好的高抛低吸机会，随后一轮单边上涨行情更是为投资者带来了巨大收益的机会。如何在股价底部区间进行高抛低点以及如何把握股价主升浪是本节讲解的重点。

惠泉啤酒(600573)

2009年8月至9月走势图(图5-16)。

惠泉啤酒(600573)2009年8月至9月，股价下跌到低点后，形成了多重底的形态，前两个低点位置一致，第三个低点有所抬高。

8月份股价形成小双底时，MACD指标虽未形成两次金叉，但指标线却有了低点抬高的迹象，虽然这种波动并不起眼，但股价大方向的变化往往就体现在细节之中。在随后股价又一次调整出现时，MACD指标更是形成了明显的上升趋势，这也是促使后期主升浪产生的原因之一。

连续下跌以后，指标的任何异动现象，哪怕只是很细微的变化，投资者也必须要高度重视。

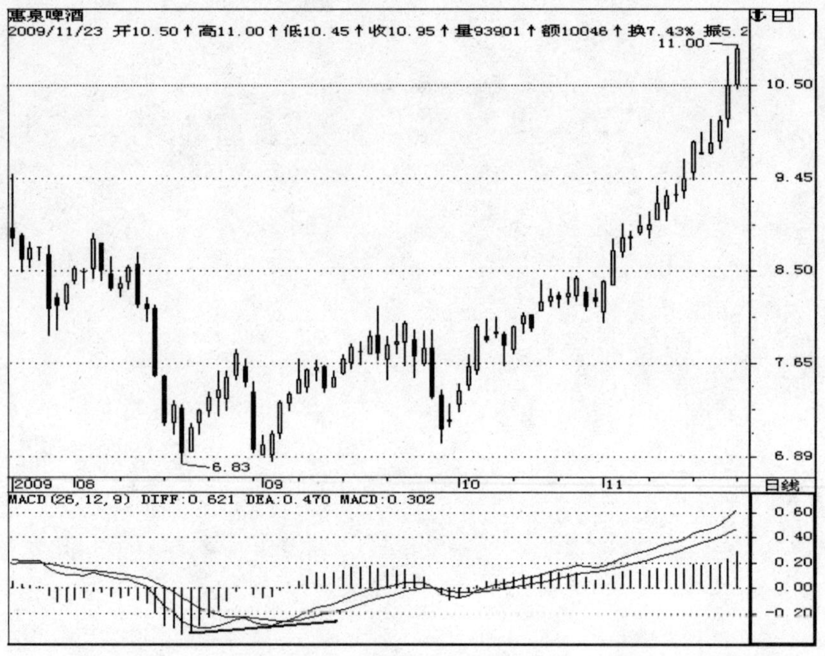

图5-16

惠泉啤酒(600573)

2009年9月走势图(图5-17)。

惠泉啤酒(600573)2009年9月，小双底形成以后，股价出现了一轮短线上涨的行情，因为大的趋势还并未得到改变，所以下跌后的首轮上涨往往并不会延续太长时间(除非是V形底)。

结合布林线指标来看，股价上涨到高点的时候，中轨并未形成上升趋势，这说明投资者应当结合布林线上轨压力考虑卖出。而股价上涨的高点恰接触到上轨时便开始回落，布林线指标提示了投资者高抛卖点的所在。

高点形成以后股价短线下跌，下跌的低点位于布林线指标下轨处受到支撑，由于此时布林线中轨略微拐头向上，因此，该低点投资者可以进行低吸操作。

使用布林线指标轻松地解决了短线高点与低点的操作，这个指标应当引起投资者的重视。

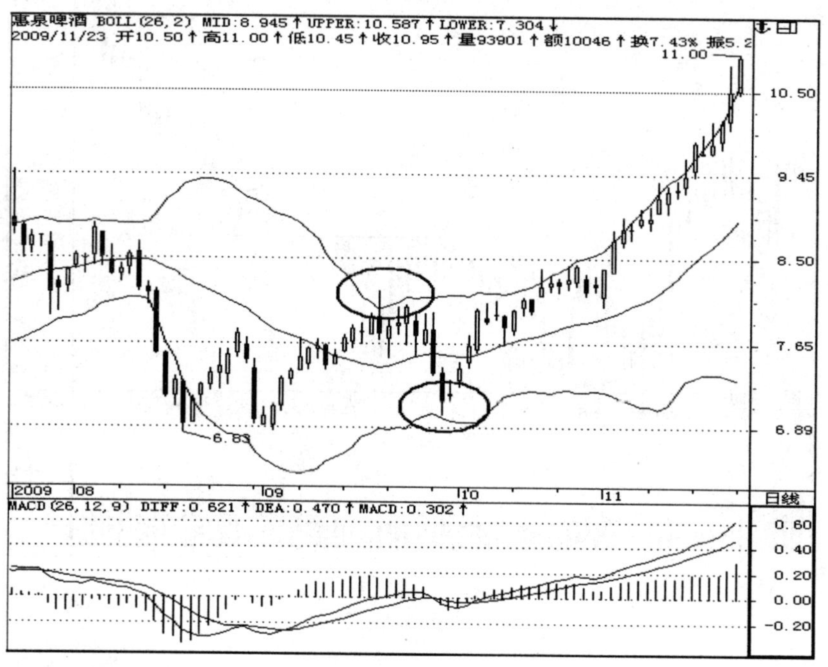

图5-17

惠泉啤酒(600573)

2009 年 9 月至 11 月走势图(图 5-18)。

惠泉啤酒(600573)2009 年 9 月至 11 月，股价在这一时期内，出现了两次 K 线方面的买点信号。

第一次买点信号是股价突破前高点的时候，时间为 10 月上旬。由于股价刚刚形成上升趋势，所以此时突破的力度并不是太大，对于激进一些的投资者来讲，买点是完全成立的。对于稳健的投资者来讲，此时不介入也是对的，可以再等等股价强势的进一步明确。

11 月初股价又一次对横盘高点进行了突破，这一次突破的时候力度较第一次明显加大，并且成交量也随之放大，量价配合非常完美。这个时候无论是激进的投资者还是稳健的投资者都可以进行建仓操作。

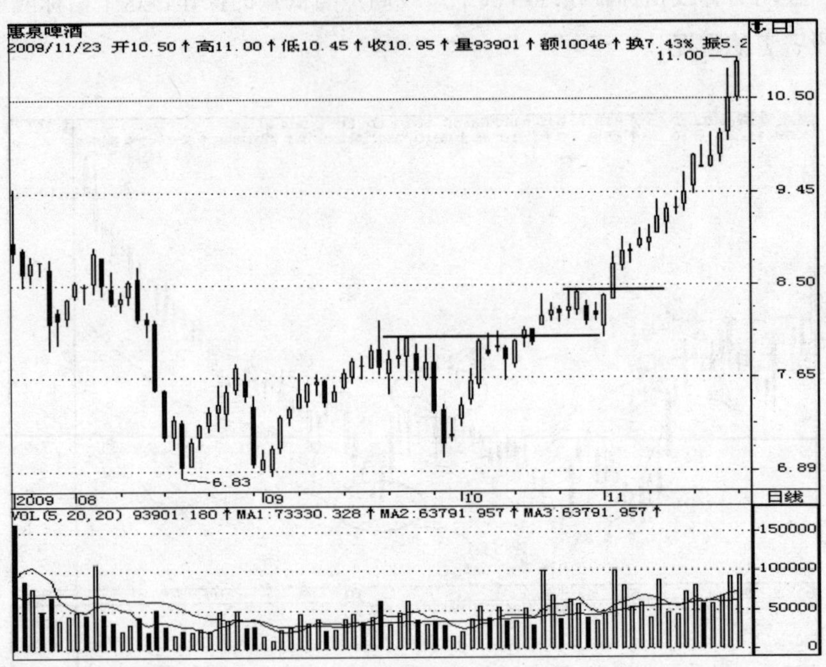

图 5-18

惠泉啤酒(600573)

2009 年 11 月走势图(图 5-19)。

惠泉啤酒(600573)2009 年 11 月，股价连续形成突破以后，一轮持续性的上涨行情随之出现，在股价上涨的过程中投资者首先需要考虑的就是如何进行持股。

持股操作体现的是顺势而为的理念，因此，投资者应当多参考移动均线的提示。在股价上涨的过程中，移动均线始终保持着单一的上升形态，K 线也始终位于 5 日移动均线之上。这种 K 线均线的形态没有改变前，投资者就不能卖出股票。

同时，惠泉啤酒的上涨也比较有特点，在主升浪期间一根阴线也没有出现，这也大大地减轻了操作的难度，不见阴线为何要卖出股票？

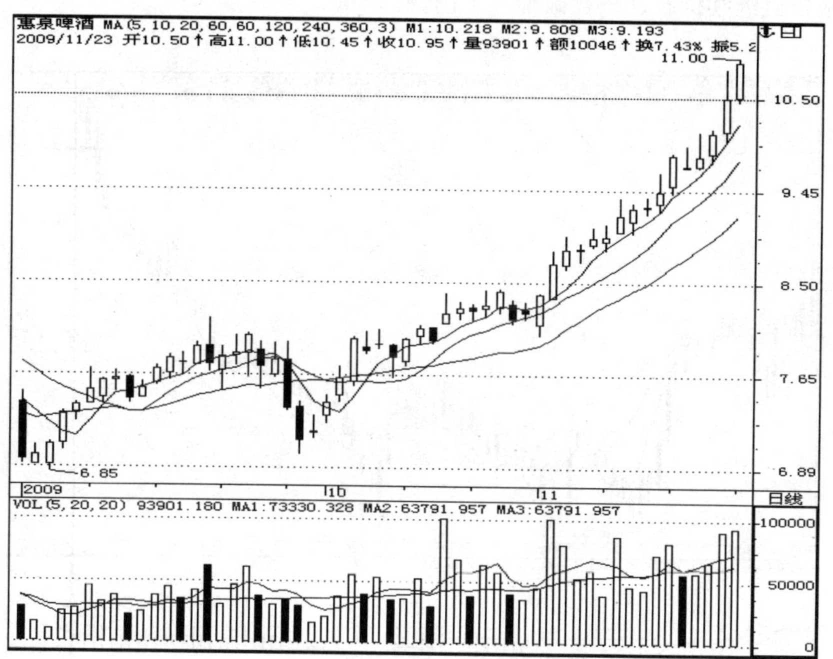

图 5-19

惠泉啤酒(600573)

2009年11月走势图(图5-20)。

惠泉啤酒(600573)2009年11月，股价连续上涨后，位置已经越来越高，并且各项指标的数值也变得越来越高，上涨过程中需要考虑的第一个问题是如何持股，而第二个问题就是何种情况下进行卖出。

通过移动均线进行持股，也需要再通过移动均线进行卖出。利用移动均线卖出的具体方法为：K线一旦回落到均线下方便进行卖出；均线一旦形成拐头向下迹象时进行卖出。投资者可以根据风险的承受能力来选择相应周期的均线，短线投资者使用5日短线较为适合，中长线投资者使用10日或20日移动均线较为适合。

其次就是利用前一天K线的收盘价(阳线)或开盘价(阴线)作为止盈点，不破位就继续持股，一旦破位马上出局。

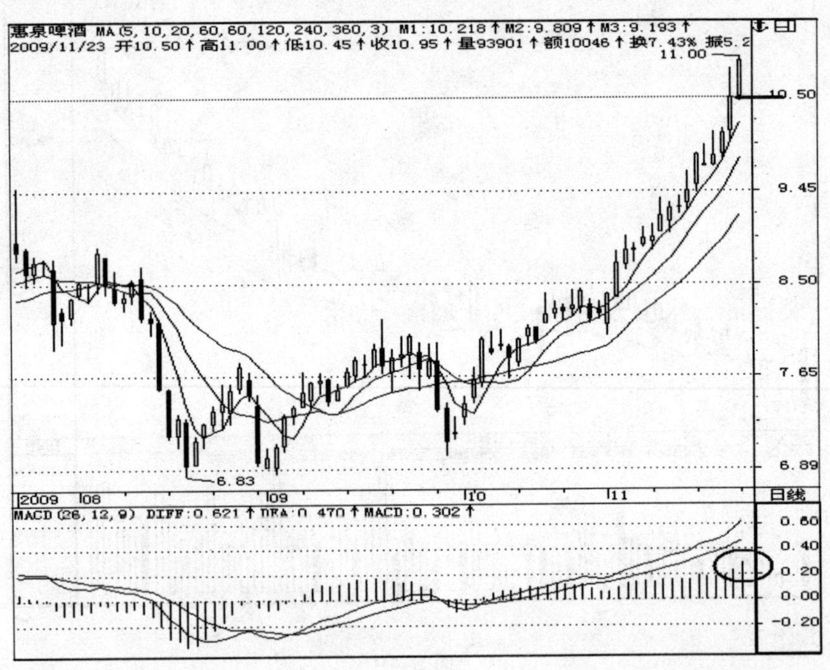

图5-20

第五节　中视传媒实战图解

中视传媒的股价在波动的时候，强势特征并不太明显，但这类个股却是市场中数量最多的个股。如果投资者对这类个股进行了操作，应当使用什么样的技巧来实现盈利呢？

中视传媒(600088)

2009年8月走势图(图5-21)。

中视传媒(600088)2009年8月，股价第一轮下跌见底以后出现了短线连续反弹的走势。反弹行情最明显的特点就是一旦股价触及压力将会很容易出现回落，因此，在股价首轮反弹时，投资者一定要预先确定压力位的所在。

股价反弹至布林线指标中轨时便停止上涨出现回落，布林线中轨产生了强大的压力。趋势向下的布林线中轨迫使股价的短线波动服从于大的下降趋势。在股价触及中轨压力回落时投资者应当卖出股票。

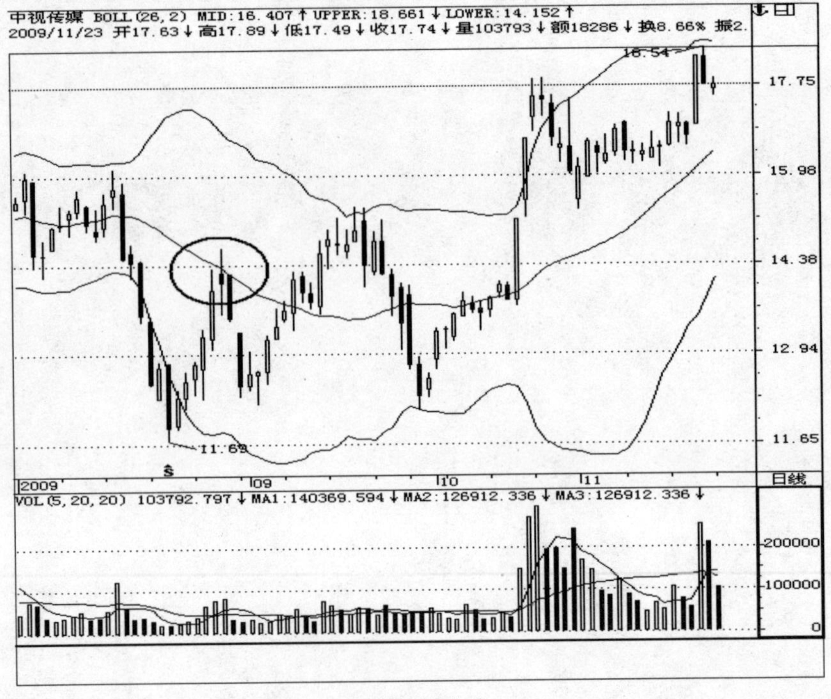

图5-21

中视传媒(600088)

2009年9月走势图(图5-22)。

中视传媒(600088)2009年9月，第一轮反弹与调整结束后，股价再度上涨，但是，这一轮上涨仍然未能改变布林线中轨的趋势。布林线中轨趋势未变，要么中轨产生强大的压力，要么上轨产生强大的压力，这两个位置是投资者需要关注的。

股价上涨至布林线上轨时，又一次受到了压力，这种受压回落的走势是非常常见的现象，对于这种高抛的卖出技巧，投资者一定要熟练掌握。中轨趋势向下，股价触上轨时卖出，十有七八不会错。

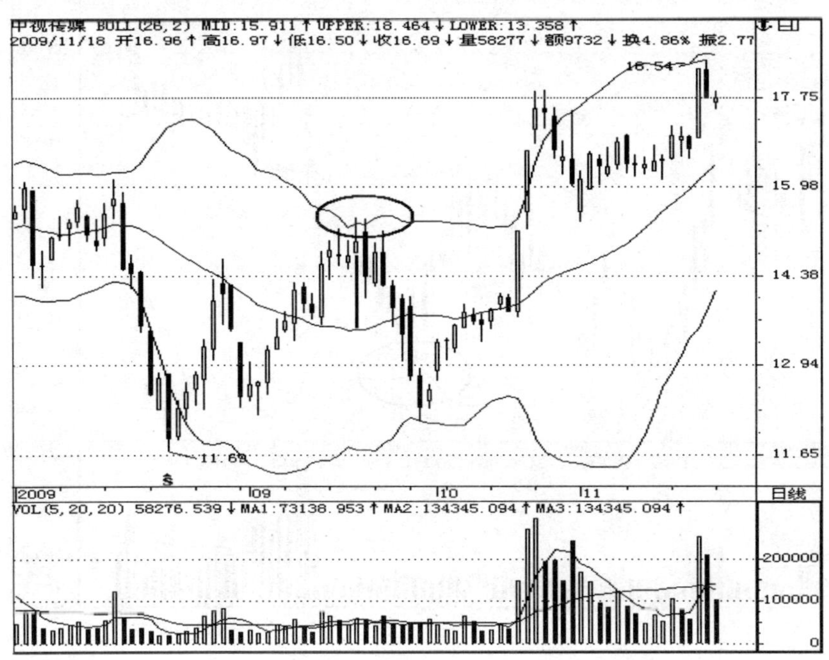

图 5-22

中视传媒(600088)

2009年9月走势图(图5-23)。

中视传媒(600088)2009年8月，触及上轨受到压力后股价再度下跌，在下跌的过程中，受到整个波动重心上移的带动，布林线指标中轨形成了拐头向上的走势，一旦中轨方向产生变化，投资者的操作思路也应随之变化。

在中轨向上的情况下，一旦股价回落到布林线下轨位置时，投资者便可以短线做多。这是一种在股价震荡过程中常见的低吸买入技巧。下跌过程中如果成交量能够保持萎缩，则会进一步提高操作的成功率。

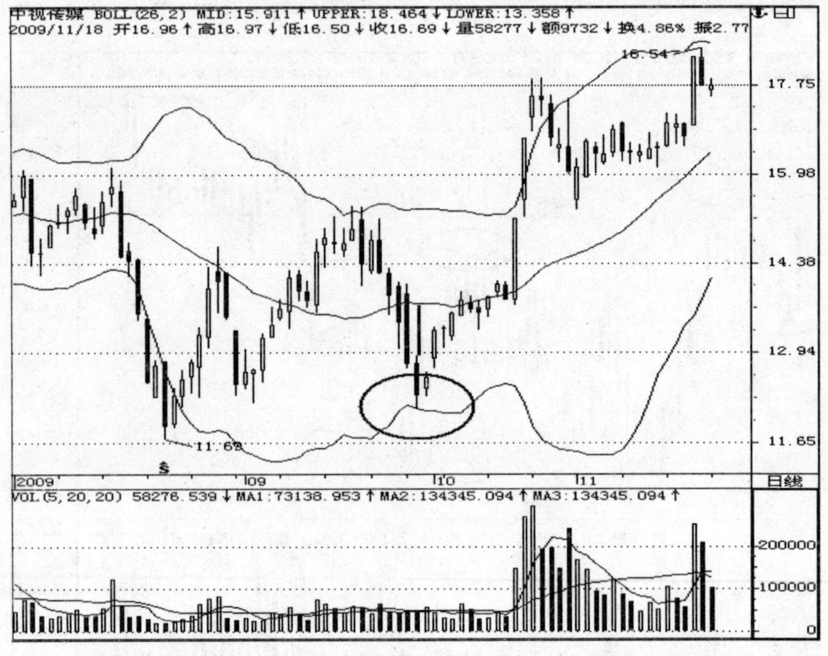

图5-23

中视传媒(600088)

2009 年 10 月走势图(图 5-24)。

中视传媒(600088)2009 年 10 月，在中轨向上的情况下，股价触及下轨受到支撑后开始上涨。连续上涨几天以后，再度触及中轨，此时应当卖出吗？

是否卖出要看中轨的方向，这个时候中轨趋势是向上的，自然不能卖出。股价在中轨处略做震荡后，一根大实体的阳线随之出现，在盘中上涨的时候，投资者于此时完全可以加仓操作。

中轨趋势向上，一旦股价盘中有明确的起涨信号，投资者均可以短线建仓，这是一种顺势而为的操作方式。如果中轨趋势向下，股价盘中有起涨动作时是不能这样操作的。

图 5-24

中视传媒(600088)

2009年11月走势图(图5-25)。

中视传媒(600088)2009年11月，由于股价整体上涨力度并不强，所以可以得出一种预测性的结论：未来上涨过程中震荡可能较多。如果股价果真形成震荡上涨行情，则需要关注布林线中轨支撑与下轨支撑，这两个位置同样是上涨过程中的低吸买点。

股价短线大涨两天后出现调整，由于此时大的上升趋势已经确立，深幅下跌的可能性较小，所以下轨支撑买点的机会可能不会出现，这个时候就需要密切留意是否会有中轨支撑买点的机会。

如果股价调整到中轨时受到支撑并回稳，投资者可以在此时进行买进。不过中轨的支撑有三种形态：一是股价恰好接触到中轨；二是股价距离中轨略有一定空间，中轨形成悬浮式支撑；三是股价瞬间跌破中轨，但很快又拉回。无论形成哪一种走势都可以视之为买点。

图中布林线中轨对股价的调整低点起到了悬浮支撑，由于中轨趋势向上，因此，一旦盘中股价有起涨动作，便可以进行追涨操作。顺大趋势，在小波动中的起涨处买进，安全性将会较高。

通过以上几只个股的走势来看，本书中讲解的方法完全可以帮助各位投资者实现盈利，因此，希望看到这里的投资者能够将本书从头再学习一遍，以进一步巩固学习的效果！

中视传媒 BOLL(26,2) MID:15.911↑UPPER:18.484↓LOWER:13.358↑
2009/11/18 开16.96↑高16.97↓低16.50↓收16.69↓量58277↓额9732↓换4.86% 振2.77
16.54
17.75
15.98
14.38
12.94
11.65
2009
09
10
11
日线
VOL(5,20,20) 58276.539↓MA1:73138.953↑MA2:134345.094↑MA3:134345.094↑
200000
100000
0

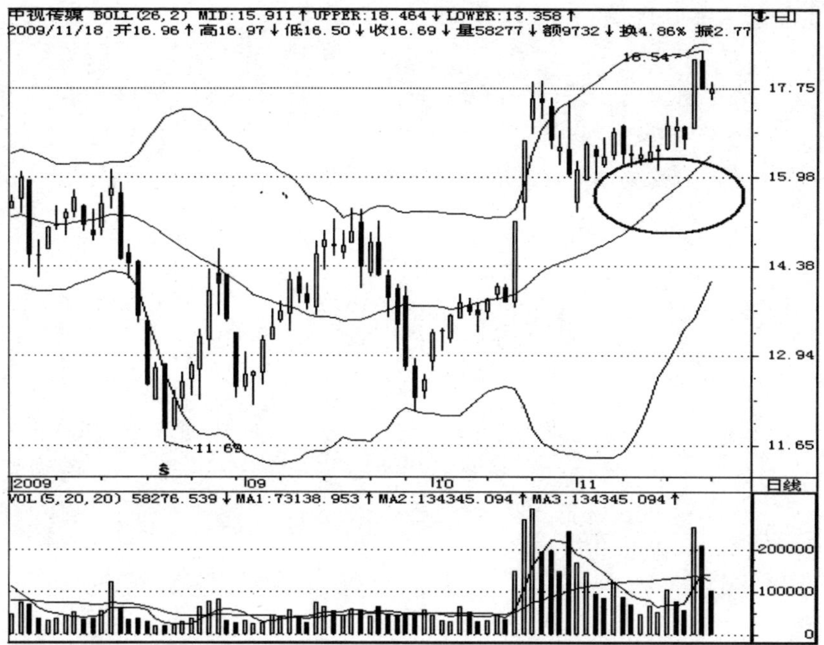

图 5-25